A Voz do Monte

RICHARD SIMONETTI

A Voz do Monte

Copyright © 1983 *by*
FEDERAÇÃO ESPÍRITA BRASILEIRA – FEB

10ª edição – Impressão pequenas tiragens – 8/2025

ISBN 978-85-9466-194-4

Todos os direitos reservados. Nenhuma parte desta publicação pode ser reproduzida, armazenada ou transmitida, total ou parcialmente, por quaisquer métodos ou processos, sem autorização do detentor do *copyright*.

FEDERAÇÃO ESPÍRITA BRASILEIRA – FEB
SGAN 603 – Conjunto F – Avenida L2 Norte
70830-106 – Brasília (DF) – Brasil
www.febeditora.com.br
editorial@febnet.org.br
+55 61 2101 6161

Pedidos de livros à FEB
Comercial
Tel.: (61) 2101 6161 – comercial@febnet.org.br

Adquirindo esta obra, você está colaborando com as ações de assistência e promoção social da FEB e com o Movimento Espírita na divulgação do Evangelho de Jesus à luz do Espiritismo.

Dados Internacionais de Catalogação na Publicação (CIP)
(Federação Espírita Brasileira – Biblioteca de Obras Raras)

S594v   Simonetti, Richard, 1935-2018

   A voz do monte / Richard Simonetti. – 10. ed. – Impressão pequenas tiragens – Brasília: FEB, 2025.

   198 p.; 23 cm

   ISBN 978-85-9466-194-4

   1. Espiritismo. I. Federação Espírita Brasileira. II. Título.

CDD 133.9
CDU 133.7
CDE 20.03.00

Sumário

A voz do monte 7

Medicina do futuro 11

1 A condição fundamental 17

2 Quando a dor redime 21

3 Os herdeiros do planeta 25

4 A justiça que planejamos 31

5 Se houvesse misericórdia 35

6 A retomada da pureza 39

7 O nascimento divino 45

8 Os heróis maiores 49

9 O assédio das sombras 53

10 O tempero da vida 57

11 O brilho do Bem 61

12 A palavra de Deus 65

13 Ante o próximo 69

14 Para desativar explosivos 73

15 Para não complicar 77

16 O quarto mandamento 81

17 Mutilações 85

18 O problema do divórcio 89

19 O cultivo da verdade 93

20 Do *talio* à boa vontade 101

21 A grande revolução 107

22 O Bem sem propaganda 111

23 Ante a oração 115

24 Como orar 119

25 Condição reafirmada 123

26 Jejum 127

27 Tesouros 131

28 Maneira de vestir 137

29 O desafio da prosperidade 141

30 À distância do Reino 145

31 Autofagia 151

32 O aspecto sagrado 157

33 As respostas do Céu 161

34 Para fazer o que faria Jesus 167

35 Atletismo espiritual 173

36 Profetas transviados 179

37 O mais importante 183

38 A Legislação Maior 189

A voz do monte

Este é um livro escrito pelo conhecido autor Richard Simonetti em linguagem simples e objetiva, de fácil entendimento para todos os aprendizes, porque trata dos inesquecíveis ensinos morais de Jesus, em seu Evangelho de Amor e de Sabedoria.

A mensagem do Cristo, eminentemente consoladora, dirige-se ao coração e nos toca profundamente, enxugando lágrimas e exortando-nos ao fortalecimento da fé, pelo enfrentamento das provações a que somos submetidos na jornada terrena.

O Evangelho de Jesus também é altamente instrutivo por estimular-nos a tratar respeitosamente o próximo, sem preconceitos e julgamentos. É um compêndio de preciosas lições espirituais, transformadoras da vida de todos os que se esforçarem por estudá-lo e principalmente colocá-lo em prática nos testemunhos cotidianos de suas existências.

O Sermão da Montanha ou do Monte, ou ainda, segundo alguns, da Planície, é o mais completo código de virtudes que o homem pode adotar como roteiro para a busca plena da felicidade, a iniciar-se ainda neste mundo material, transitório e impermanente, por que atravessamos temporariamente, em direção à verdadeira morada que a todos nos aguarda em planos da Espiritualidade.

O célebre discurso do Cristo de Deus dirigido a seus discípulos, e que alcançou os povos de todos os tempos e lugares, continua projetando consolo e luz aos que lhe escutam as exortações nos variados rincões planetários. Inicia-se com o convite/convocação das bem-aventuranças, a expressar "quão felizes serão" os que ouvirem a canção das virtudes na voz mais sublime, doce e firme que o mundo jamais ouviu em todas as épocas da Humanidade, e desdobra-se como roteiro para uma vida saudável e feliz.

Apresenta as virtudes indispensáveis que comporão o *curriculam vitae* do Espírito para a conquista de sua evolução, passo a passo, dentro de suas possibilidades, que se vão ampliando gradativamente na medida em que o ser reconhece-se filho de Deus e empreende os esforços para descobrir o *deus interno* e desenvolver suas potencialidades anímicas rumo à plenitude espiritual.

Humildade, resignação, mansuetude, justiça, misericórdia, pureza de coração e paz são algumas das virtudes e estados que devemos cultivar para a completa sintonia com as Leis Divinas, no exercício do amor e da prática do bem ao nosso semelhante.

*

Após quase quatro décadas de sua primeira edição, a FEB Editora tem a satisfação de trazer a lume reedição repaginada em novo projeto editorial de *A voz do monte*, obra para a qual Simonetti sempre teve carinho especial, pela grande importância nos estudos do Centro Espírita Amor e Caridade, de Bauru (SP), por tanto tempo dirigido pelo dedicado trabalhador do bem.

O livro é considerado um clássico pela posição que ocupa na divulgação do Espiritismo, citado constantemente por autores e palestrantes das lides doutrinárias, tornando-se referência de estudo e reflexão na relevante temática evangélica.

Esperamos que ao conhecer ou revisitar o conteúdo desta obra, possa o leitor amigo sentir e viver a palavra de Jesus no mais significativo Sermão de todos os tempos, explicados com simplicidade pela Doutrina Espírita.

Brasília (DF), julho de 2018.

Geraldo Campetti Sobrinho
Vice-Presidente da Federação Espírita Brasileira

Medicina do futuro

Desde que Freud desbravou o inconsciente, herdeiros de suas teorias, situados em variadas escolas psicológicas, tentam decifrar os enigmas da personalidade humana.

Poucos o fazem acertadamente. O próprio Freud, não obstante seu pioneirismo ou, talvez, por causa dele mesmo, andou tropeçando em idiossincrasias e excentricidades. Por outro lado, a falta de bases mais seguras para semelhantes pesquisas tem resultado na proliferação de teorias sobre comportamento que, assentadas sobre meras lucubrações literárias, inspiradas, sobretudo, na preocupação de originalidade, semeiam perturbadoras ideias em indivíduos menos esclarecidos.

Num ponto há unanimidade, assentada sobre um erro fundamental: pretender-se que os desajustes humanos sejam mera consequência de pressões exteriores ou circunstâncias existenciais. O psicoterapeuta surge, então, como uma espécie de detetive, a pesquisar, em acontecimentos do passado, a gênese dos males que afligem o paciente. Depois, à maneira de hábil "ferreiro", *martela* sua personalidade com ilustrada verbosidade, no propósito de corrigir-lhe os desvios e levá-lo ao equilíbrio.

Raros os pacientes que, submetidos a semelhante tratamento, superam, plenamente, suas dificuldades. Nota-se que, enquanto permanecem sob influência dos médicos que os assistem, experimentam animadoras modificações, chegando a ensaiar um clima de euforia. Infelizmente é uma reação artificial, mero condicionamento que necessita ser renovado a cada sessão terapêutica, sob pena de recaídas frequentes. Com isso, o tratamento pode prolongar-se indefinidamente.

As ciências psicológicas prendem-se, assim, a estreitos limites. Não constataram, sequer, que o porão da individualidade, o inconsciente, é muito mais vasto do que imaginam, guardando não apenas o exíguo depósito de experiências da vida presente, mas todo um universo de vivências anteriores, que se perdem na noite dos séculos, *iceberg* gigantesco que deixa entrever ínfima parcela de seus segredos.

É esse vasto patrimônio de experiências nem sempre edificantes, e não raro comprometedoras, que exerce as pressões psicológicas desajustantes, originando fobias e compulsões, depressões e angústias, tensões e sofrimentos.

Os decantados traumas, que marcam, indelevelmente, o indivíduo, inibindo-o e infelicitando-o, atribuídos a acontecimentos chocantes ou à carência de afetividade nos primeiros anos de vida, guardam importância, intensidade e extensão compatíveis, acima de tudo, com sua bagagem cármica. Um incêndio, um acidente, uma agressão física, maus-tratos, pais indiferentes — tudo isso pode afetar lamentavelmente uma pessoa e nada significar para outra, porquanto a reação de ambas será sempre um processo de acomodação psicológica, orientada por sua posição evolutiva. Isto significa que, ante os males que nos afligem, somos vítimas, em primeiro lugar, de nós mesmos.

Talvez os discípulos de Freud consigam resultados melhores quando descobrirem a reencarnação. Assenhoreando-se das técnicas de regressão de memória, sob indução hipnótica, poderão ter um quadro mais amplo, relacionado com os desajustes do paciente.

Somente a pesquisa demonstrará até que ponto essa iniciativa terá resultados satisfatórios, considerando-se que para o homem comum o esquecimento das vidas anteriores funciona como um mecanismo de defesa, já que ele não está suficientemente preparado para contemplar, sem graves prejuízos para seu psiquismo, as defecções passadas. Acresçam-se os problemas de relacionamento que fatalmente surgiriam de tal conhecimento, particularmente no lar, onde inúmeras dificuldades se originam na animosidade latente de inimigos ferrenhos colocados em convivência compulsória pela Sabedoria Divina, a fim de transformar o ódio em amor.

Muito mais importante do que identificar os desvios do passado seria definir os rumos do presente, na procura de um caminho seguro, capaz de nos conduzir à sonhada estabilidade íntima, capacitando-nos a desfrutar, plenamente, dos patrimônios da vida.

Jamais essa senda redentora foi tão maravilhosamente delineada como certo dia, há quase dois mil anos, quando o Sábio dos sábios, Mestre por excelência, falou a pequeno grupo de discípulos que, naquele instante, representavam a Humanidade inteira: "Bem-aventurados os humildes, porque deles é o Reino dos Céus" (*Mateus*, 5:3).

Iniciava-se o Sermão da Montanha, no qual, em breves minutos, Jesus compôs, com a simplicidade da sabedoria autêntica e com a profundidade da verdade revelada, uma síntese das Leis Morais que regem a evolução humana.

Gandhi, o inesquecível líder hindu, dizia que o Sermão da Montanha é a mais bela página da Humanidade. Por si só preservaria os patrimônios espirituais humanos, ainda que se perdessem os livros sagrados de todas as religiões.

Renan, o demolidor exegeta do Evangelho, via no Sermão da Montanha a essência mais autêntica do Novo Testamento, a conter, em plenitude, a inconfundível Moral do Cristo.

Dia virá em que ele fará parte dos currículos escolares, mostrando que não existe orientação mais segura, nem terapia mais eficiente para os desequilíbrios do comportamento humano do que a aplicação do sublime Código Moral contido nos princípios apresentados por Jesus.

Oferecendo alguns comentários em torno do Sermão da Montanha, prestamos nossa homenagem a Allan Kardec, o insigne Codificador da Doutrina Espírita, cujos princípios nos permitem apreciar de forma mais ampla o pensamento de Jesus.

Bem sabemos que outros companheiros já o fizeram com maior propriedade, mas guardamos a convicção de que o assunto está longe de ser esgotado. Pelo contrário, há necessidade premente de que o Sermão da Montanha seja lembrado, difundido, exaltado, explicado, estudado, comentado, discutido, dissecado, reafirmado, conscientizando o homem da presença de Deus, o Pai decantadamente Justo e Misericordioso, mas displicentemente negado e esquecido.

Bauru (SP), 9 de junho de 1980.

1
A condição fundamental

*Bem-aventurados os humildes, porque deles
é o Reino dos Céus* (Mateus, 5:3).

Muita gente confunde humildade com pobreza. Daí considerar-se bem-aventurado o pobre. Dele, segundo Jesus, seria o Reino dos Céus.

Essa ideia levou muitos cristãos, no passado, à renúncia dos bens materiais, chegando ao extremo de cultivarem a indigência, no pressuposto de que, quanto mais miseráveis na Terra, mais ricos aportariam no Além.

Um mínimo de bom senso, todavia, é suficiente para perceber que o fato de o indivíduo não deter bens materiais em absoluto significa que as portas do Céu lhe estejam abertas, da mesma forma não se pode afirmar que permaneçam cerradas aos detentores de riquezas. Há pobres maus e ricos bons, e vice-versa. O dinheiro é neutro. Tanto pode ser utilizado para o Bem como para o Mal. Com ele compramos o leite que alimenta a criança e o tóxico que compromete o jovem.

Exprimindo uma posição interior, e não uma circunstância exterior, a humildade não pode ser avaliada sob o ponto de vista econômico.

O caminho dessa realização sublime em nós é o reconhecimento de nossa pequenez diante do Universo e a consciência plena de que tudo pertence a Deus, o Senhor Supremo que somos chamados a servir, acatando-lhe a vontade nas circunstâncias da vida e respeitando-lhe a obra da Criação, seja na pessoa do semelhante, no animal, na árvore, na flor, no fruto, no inseto, na paisagem que nos cerca.

Somente assim estaremos em condições de ingressar no Reino. Onde o encontraremos? Na Terra, transformada em Paraíso, quando o Mal houver sido definitivamente derrotado? Ou se localizará em distante constelação? Será em plano de matéria densa ou em etéreas regiões espirituais?

Nada disso! "O Reino" — diz Jesus — "está dentro de vós!"

Compete-nos, pois, localizá-lo em nosso universo interior, essa gloriosa edificação que poderíamos definir como o estado de harmonia perfeita, de inefável tranquilidade, de sintonia plena com as fontes da Vida!

Por que a humildade é indispensável?

A resposta é simples: para ingressar nesse estado de graça é preciso ser livre e, por estranho se afigure, somente o homem humilde desfruta de liberdade plena.

Todos temos aspirações em torno de determinadas realizações e empregamos esforços no sentido de concretizar nossos desejos: estabilidade financeira, sucesso na profissão, progresso material, conforto, casa, automóvel, família, filhos...

São temas que constituem nossas motivações mais frequentes. Não raro, entretanto, empolgamo-nos em demasia e tudo isso, que deveria ser parte de nossa vida, se transforma em finalidade dela. Então nos escravizamos.

Há, por exemplo, o homem que se empenha no louvável propósito de melhorar sua situação financeira. Monta um estabelecimento comercial, prospera... Sempre procurando melhorar, monta outro negócio, prospera... Depois outro e mais outro, prosperando sempre. Acaba movimentando fortunas imensas, mas já não é dono de si. Não dispõe de tempo para nada mais. Problemas se avolumam e, quanto mais cresce sua fortuna, maiores suas preocupações, mais lacerantes suas tensões, menor sua liberdade.

Pior, talvez, o jugo daqueles que não conseguem realizar as aspirações a que se prendem. O casamento que não se concretiza, o filho que não nasce, o Mal que não é debelado, o sucesso que não chega... Estes resvalam facilmente para a frustração e o desânimo que geram infernos de perturbações em suas vidas.

O homem humilde também alimenta aspirações. Afinal, elas representam a mola propulsora do progresso humano. Distingue-se, porém, pelo fato de não se apegar, reconhecendo que o mais importante é definir e cumprir os desígnios divinos, sintetizados na aspiração maior — servir a Deus!

Por isso desfruta de liberdade plena para construir o Reino em seu coração.

2
Quando a dor redime

*Bem-aventurados os que choram, porque
serão consolados* (Mateus, 5:4).

As lágrimas extravasam emoções intensas. Choramos quando estamos muito felizes ou muito amargurados. Não obstante servirem à alegria e à tristeza, convencionou-se que elas representam os males da existência.

E na Terra, planeta de expiação e provas, segundo a definição de Kardec, choramos todos, desde o magnata ao miserável, desde o palácio à choupana.

Jesus promete que seremos todos consolados. Essa expressão soa quase vazia de significado. Afinal, é muito pouco, diante dos males maiores, receber algo parecido com a iniciativa do amigo que toca de leve em nossos ombros, afirmando: "Não é nada, meu velho! Coragem! Tudo passa!...".

Todavia, a expressão será bem mais significativa, de alcance bem maior, se lhe emprestarmos o significado de compensação. Poderíamos dizer, então, que bem-aventurados são os que sofrem, porque seus males serão compensados por alegrias futuras.

É da própria vida que após a tempestade surja a bonança. Que a noite seja véspera do dia. Às horas de amargura sucedem-se períodos de tranquilidade. E ainda que a existência inteira seja uma noite escura de lutas e sofrimentos, experimentaremos a alvorada gloriosa da imortalidade, ao cessar a existência humana com suas limitações.

Oferecendo o ensejo de despertamento e resgate, as dores da existência representam o preço nunca demasiadamente alto que pagamos para o ingresso nas bem-aventuranças celestes. Seja a dor física, que depura, seja a dor moral, que amadurece, temos em suas manifestações o cuidado de um mestre inflexível que nos disciplina e orienta, preparando-nos para assumir a condição de filhos de Deus e herdeiros da Criação.

É preciso considerar, contudo, que não basta sofrer, porquanto, se as lágrimas nos preparam para o Reino dos Céus, que, segundo Jesus, é uma experiência íntima, uma construção interior, não podemos olvidar que o próprio Mestre situa a humildade por alicerce fundamental.

Pouco aproveitaremos de nossas dores sem a consciência de nossa pequenez diante de Deus, o Pai de Sabedoria Infinita, que conhece melhor do que nós mesmos nossas necessidades essenciais e nos oferece experiências que guardam relação não apenas com nosso merecimento, mas também com o preparo de uma gloriosa destinação.

Os que vivem a murmurar, que clamam ao Alto por seus males, que se revoltam, que não se conformam, que se rebelam, estão marcando passo. Suas dores não edificam nem depuram. Suas lágrimas são ácidas e amargas, gerando males não programados, amarguras desnecessárias, infelicidade voluntária.

Os desajustes maiores que afligem a criatura humana não são decorrentes dos débitos do passado, e sim da rebeldia do presente. Não sofremos tanto pelo resgate. Afinal, isto deveria ser motivo até de satisfação. A dor maior decorre do fato de pretendermos recusar o sofrimento. É a lamentável situação do devedor que marca dia para o credor vir receber seu dinheiro e quando isto acontece recusa-se terminantemente a pagar.

Seria de perguntar-se: Quando é que a nossa dor representa resgate do passado sem complicações para o futuro? Quando é que, por meio dela, estamos realmente preparando a felicidade futura?

Diríamos que é quando o nosso comportamento, diante da dor, não gera sofrimento naqueles que nos rodeiam.

Quantas famílias atravessam amarguras intensas com alguém doente em casa, não tanto pela enfermidade e, muito mais, pela inconformação e agressividade do enfermo?!

Quantos pais derramam lágrimas abundantes em face dos desatinos cometidos por seus filhos, que se mostram incapazes de suportar com dignidade os embates da existência?!

Quantos homens e mulheres amargam anos de convivência com cônjuges neurastênicos e agressivos porque a vida não lhes atendeu as solicitações?!

Os que assim se comportam, espalhando sofrimento porque não sabem sofrer, são castigados desde agora pela angústia, que é o clima sufocante em que se debatem interiormente, adiando para um futuro incerto a edificação de suas almas.

Mas, se formos tão humildes diante da dor, que jamais acrescentemos naqueles que nos amam sofrimentos outros além dos decorrentes da convivência com quem sofre, e o que é mais importante: se conseguirmos transformar nossas experiências com o sofrimento em exemplos dignificantes de confiança e serenidade, em plena aceitação da vontade de Deus, então nossos males trarão as marcas abençoadas da redenção, preparando-nos o ingresso glorioso no Reino dos Céus.

Em verdade, se tivermos tal disposição, estaremos nele desde agora, ainda que o sofrimento seja nosso companheiro inseparável.

3
Os herdeiros do planeta

*Bem-aventurados os mansos, porque
herdarão a Terra* (Mateus, 5:5).

Há a velha história de um navio perdido que, por muitos meses, navegou por mares desconhecidos. Certo dia, a tripulação, exultante, viu, a distância, numa elevação de terreno, junto à praia que surgia, uma forca. Todos respiraram aliviados: "Graças a Deus! Finalmente regressamos à civilização".

O episódio exprime com propriedade o desvirtuamento de certas expressões. Civilização seria a plenitude do desenvolvimento cultural e espiritual da Humanidade, com a eliminação da violência e da agressividade, formas primitivas de comportamento. A forca, por isso, jamais poderia representá-la, porquanto é a própria negação de seus valores. A morte como castigo para o crime exprime uma conceituação simplista da delinquência, que Jesus, há dois mil anos, situava como enfermidade da alma. O enfermo deve ser medicado, não eliminado.

Esta lembrança nos vem a propósito da palavra mansidão, que, deturpada, tem hoje um sentido quase pejorativo. Usá-la para referir-se a alguém soa como um xingamento, como se disséssemos: "Fulano é um infeliz! Não tem reação nenhuma! Corre água em suas veias".

Isto porque estamos distanciados da angelitude, e a violência é o clima próprio da personalidade humana, ainda próxima da animalidade. Por isso, os que exteriorizam impulsos de agressividade são chamados "homens de verdade". Mas são estes, também, que geram a infelicidade no lar, o desentendimento no ambiente profissional, a discórdia na sociedade, as lutas entre os indivíduos, as guerras, a confusão no mundo.

Se diante da rudeza humana a mansuetude parece vexatória, quase um mal, diante de Deus ela representa um passo decisivo no caminho do aprimoramento moral, realização básica para que nos habilitemos a viver em plenitude.

Assim como a humildade nos liberta das pressões exteriores, que nos induzem ao cultivo das ambições humanas, a mansuetude nos liberta das pressões interiores, que nos situam como um vulcão prestes a entrar em erupção, extravasando lava ardente em atos e palavras, sempre que surjam a contrariedade e o dissabor.

Se o familiar faz uma observação menos feliz ou comete algum engano, solenizamos o assunto, conturbando o ambiente doméstico...

Se alguém nos ofende, ou revidamos imediatamente, ou nos sentimos terrivelmente angustiados...

Se sofremos prejuízo material, empolgamo-nos pela irritação, pensamos em processar os responsáveis e por longo tempo apresentamo-nos inquietos e perturbados...

O nosso centro de gravidade emocional não tem raízes em nós mesmos — permanecemos flutuando, ao sabor das circunstâncias.

Já o indivíduo manso consegue sobrepor-se aos acontecimentos, mantendo-se calmo e equilibrado, sem reações negativas, não porque seja impassível, não porque não se importe, mas simplesmente porque é dono de si mesmo.

Herdar a Terra não significa, naturalmente, que ela se tornará nossa propriedade, mas que viveremos aqui, quando expulsas as forças do Mal, nosso mundo deixar o estágio de planeta de expiação e provas — onde o egoísmo predominante nos corações é o elemento forjador da miséria humana — para a categoria de planeta de regeneração, onde consciências despertas, em relação aos objetivos da existência, elegerão o serviço no campo do Bem, a Seara Divina, por supremo recurso de reabilitação e bem-estar.

Embora sem a clareza que caracteriza a Doutrina Espírita, as tradições cristãs acenam com as mesmas perspectivas, chegando a situar tais acontecimentos no dia do Juízo Final, quando ocorreria a ressurreição dos mortos que, segundo os teólogos, reapareceriam em carne e osso, com o mesmo corpo que usaram, em milagrosa e inconcebível reorganização celular.

O princípio da reencarnação é bem mais racional, mostrando-nos que a ressurreição nada mais é que um retorno à carne, em novo corpo, e tanto mais somos forçados a aceitá-lo quanto melhor observarmos a condição imposta por Jesus: "somente herdarão a Terra os que forem mansos".

Ora, quem o é, verdadeiramente? Mesmo aqueles que têm um comportamento exemplar, um dia "perdem as estribeiras". Sem a reencarnação o mundo ficaria deserto, já que, com raríssimas exceções, todos temos muita violência a esgotar.

Ao longo de vidas sucessivas, com a aplicação da Lei de Causa e Efeito, que nos obriga a receber de volta todo Mal praticado, aprendemos a conter os impulsos primitivos, ajustando-nos às Leis Divinas.

Aquele que se compraz em utilizar a força física para impor sua vontade, renascerá em corpo linfático, mirrado, que inibirá sua agressividade, ensinando-o a respeitar o semelhante.

Aquele que fere com a palavra, que mente e difama, que ofende e magoa, ressurgirá com distúrbios nas cordas vocais ou limitações nos centros de coordenação da fala, obrigando-o a estancar o próprio veneno.

Aquele que cultiva o rancor, a mágoa, o ressentimento e o ódio, espalhando desajustes ao longo de seus passos, renascerá com a mente torturada por mil problemas, que o farão cogitar dos valores do perdão e da fraternidade.

Assim, paulatinamente, a vida eliminará o troglodita que há em nós, a fim de que nasça o anjo. Então estaremos preparados para a divina herança...

4
A justiça que planejamos

*Bem-aventurados os que têm fome e sede de
justiça, porque serão saciados* (Mateus, 5:6).

Esta afirmativa de Jesus parece distanciada da realidade, porquanto, aparentemente, a mais flagrante injustiça reina na Terra, onde há ricos e pobres, bons e maus, santos e facínoras, atletas e paralíticos, gênios e idiotas...

Ainda que esta justiça de que o Mestre nos fala exprima-se no atendimento aos inalienáveis direitos à liberdade, à propriedade e à vida, não a encontraremos na sociedade humana, onde, desde seus primórdios, há os que escravizam e os que são escravizados, os que roubam e os que são roubados, os que assassinam e os que são assassinados. Ela tem sido a bandeira de todos os movimentos revolucionários, agitada por adeptos de todas as correntes sociais e políticas. Estes, entretanto, paradoxalmente, tão logo detenham o poder, transformam-se em novos instrumentos de injustiça, coniventes com as forças reacionárias que há milênios dominam o nosso planeta.

Poderia alguém lembrar que a justiça a que se refere Jesus não reside na vida material. Os que têm fome e sede de justiça serão saciados no Além. Lá haverá castigo para os maus e recompensas para os bons.

O problema é que, em princípio, os privilégios da Terra fatalmente repercutem nas experiências do Céu. O filho de pais nobres, virtuosos, compreensivos, que desde a mais tenra idade é iniciado nos valores do Bem, terá muito mais oportunidades de seguir uma vida reta e digna do que o filho do matador profissional, que o inicia nos mistérios de sua profissão, incutindo nele um total desrespeito pela vida humana.

Levando mais longe semelhante raciocínio, poderíamos considerar que o indivíduo preso ao leito desde a infância, retardado mental, raciocínio embotado, seria um escolhido de Deus, porquanto isento das tentações do mundo e até mesmo impedido de praticar o Mal. Já o indivíduo saudável, belo, atraente, estuante de vida, pleno de vigor, assediado sem tréguas pelos prazeres e ambições humanos, teria muito maior dificuldade em habilitar-se às moradas celestes.

Admitindo semelhante absurdo fatalmente cairemos na teologia medieval das graças divinas. Deus teria eleitos, cumulando-os de recursos em favor de sua salvação e recusando idênticos favores a outros. Há até quem diga que Ele faz sofrer àqueles a quem ama, preparando-os para a felicidade eterna. Conclui-se que, quanto menor o sofrimento da criatura, menor o amor do Criador por ela. Absurdos assim têm levado muita gente ao materialismo. Se a própria justiça humana, apesar de suas limitações, estabelece que somos todos iguais perante a Lei, como pretender que não sejamos iguais perante Deus, que é a Justiça Perfeita?

Para que não incorramos em enganos semelhantes, é preciso que modifiquemos nossas concepções a respeito da Justiça. Geralmente a concebemos como o atendimento aos nossos direitos e ao cumprimento dos deveres alheios. Pouco pensamos a respeito do que devemos à vida, ao familiar, à sociedade, mas empolgamo-nos no propósito de definir o que eles nos devem. Nossa fome de justiça situa-se por anseio egocêntrico. Sentimo-nos justiçados quando fazem o que desejamos.

Contudo, no Plano Espiritual, antes da presente existência, pensávamos diferente. Sentindo o peso de nossos débitos e a extensão de nossas fragilidades, planejamos a jornada terrena, não no sentido de sermos atendidos em relação às ilusões humanas, mas no sentido de cumprirmos os desígnios divinos, que pedem, antes de mais nada, depuração de nossas almas, edificação de nossos sentimentos, renovação de nossas ideias.

Esta é a justiça a que se referiu Jesus: uma tomada de posição autêntica, corajosa, em relação aos objetivos da própria existência terrestre.

E se conservarmos a fome e a sede de justiça, isto é, a disposição em nos submetermos às provações escolhidas, fazendo sempre o melhor, então seremos saciados, ainda que, aparentemente, o mundo nos reserve toda sorte de injustiças.

5
Se houvesse misericórdia

Bem-aventurados os misericordiosos, porque alcançarão misericórdia (Mateus, 5:7).

É da Lei Divina que recebamos da Vida o que lhe oferecemos. Bens e males praticados reverterão fatalmente em luzes ou sombras em nosso caminho, flores ou espinhos em nossos dias. A cada um — ensina Jesus — segundo suas obras.

Natural, portanto, que, se esperamos por misericórdia, sejamos misericordiosos. Esse é o grande problema, porquanto raros se compadecem verdadeiramente das misérias humanas.

Se houvesse misericórdia no mundo, não teríamos tantos e tantos correndo atrás de interesses imediatistas — conforto, riquezas, poderes, prazer, com total despreocupação das angústias alheias. Aquele que se interessa pelo próximo jamais pensará em si enquanto houver gente sofrendo...

Se houvesse misericórdia, não teríamos tanta sobra de alimentos em abastadas mansões nem tanta falta deles em esquecidos casebres...

Se houvesse misericórdia, não existiriam famílias com ricos armários abarrotados de roupas e outras que nem mesmo possuem armários ou roupas para serem guardadas neles...

Se houvesse misericórdia, não haveria gente com a agenda tomada por compromissos sociais e festas, enquanto muitos têm as horas preenchidas por sofrimentos e dores, que os enfrentam terrivelmente solitários, como se morassem num deserto...

Se houvesse misericórdia, não conheceríamos a palavra órfão nem seriam erguidos orfanatos, porquanto para cada criança que perdesse seus pais, outros pais achariam um filho...

Gerações futuras, eleitos que habitarão a Terra após o expurgo final, admirar-se-ão profundamente do descaso, da indiferença do homem atual pela sorte de seu irmão. E perguntarão: "Será que não sabiam? Não teriam noção de que jamais haveria felicidade na Terra, enquanto a legítima fraternidade não estabelecesse a comunhão de todos os filhos de Deus, a fim de que bens e males, compartilhados espontaneamente, tornassem suaves todas as dores e completas todas as alegrias, no caminho da redenção humana?".

Há uma lição fundamental que ainda não foi devidamente assimilada pela Humanidade. Somente possuímos o que damos. Apenas o desprendimento de nós mesmos, em doações de trabalho e interesse pelo próximo, acumula valores imperecíveis que rendem felicidade sempre. Não há alegria legítima e duradoura senão aquela que se reflete no sorriso colocado em lábios alheios. Se muita gente transita acabrunhada e triste pela Terra é porque há escassez de misericórdia em seus corações.

Todos temos algo a ver com a confusão do mundo. Numa casa de muitos filhos, onde cada qual esteja vivendo segundo seus próprios interesses, rezando pela cartilha do "cada um por si e o resto que se dane", teremos, em pouco tempo, um ambiente irrespirável, dominado por conflitos intermináveis, um pequeno inferno para se morar.

Ampliemos essa casa até os limites da Terra e teremos um lar habitado por bilhões de filhos de Deus que ainda não aprenderam a viver como irmãos, fazendo dela a morada da angústia.

A ação individual gera o comportamento coletivo. A soma das tendências dos cidadãos forma a personalidade dos povos. E porque não há misericórdia entre os homens, vemos, no âmbito das nações, a prevalência dos interesses econômicos sobre as necessidades essenciais da criatura humana, o domínio exercido por países desenvolvidos sobre nações pobres, as guerras geradas pelas ambições desmedidas, o clima de intranquilidade, a exploração do homem pelo homem.

Sabemos que é preciso mudar esse panorama desolador. Mas como fazê-lo? Condenando o Mal? Promovendo revoluções? Oferecendo novas ideias? Nada disso adiantará muito.

Os que vivem anatematizando o Mal acabam envolvidos por ele...

Os que promovem revoluções apoiam-se invariavelmente na violência, desarrumando muito mais do que consertando...

Quanto às ideias, já as temos em demasia no mundo. Faltam aqueles que se disponham a colocá-las em prática. Em verdade, não precisamos de muitas ideias. Apenas uma, fundamental, como roteiro de nosso trabalho pela construção de um mundo melhor, se faz necessariamente indispensável. Jesus, que a retirou do Velho Testamento, diz que ela resume tudo: "O amor a Deus acima de todas as coisas e ao próximo como a nós mesmos".

Urge que nos disponhamos a cumprir esse princípio redentor, partindo do pressuposto de que, se não nos compadecermos do próximo, a vida não se compadecerá de nós.

Cultivando misericórdia, estaremos a caminho do amor, transformados em missionários do Cristo, sempre que estivermos dispostos a estender as mãos ao nosso irmão.

Quando o número de pessoas que procuram viver esse princípio redentor superar os que estão preocupados apenas com a própria sorte, o Reino de Deus começará a ser instalado no mundo.

6

A retomada da pureza

*Bem-aventurados os que têm limpo o coração,
porque verão a Deus* (Mateus, 5:8).

Para que possamos compreender melhor a presença de Deus no Universo, é preciso que superemos a concepção antropomórfica do patriarca sentado no trono celeste a comandar os anjos, determinando castigos para os maus e oferecendo aos bons a suprema ventura de contemplá-lo, face a face, por toda a eternidade.

Deus é a Mente Criadora, a Consciência Cósmica que construiu o Universo e sustenta a Vida. Estamos mergulhados em seu seio, segundo André Luiz, como peixes num oceano. Tanto mais próximos estaremos dele quanto maior a nossa capacidade de nos ligarmos aos valores espirituais, já que Deus é Espírito e em Espírito deve ser adorado, conforme ensina Jesus.

Os místicos e os santos, cultivando rigorosa disciplina da mente e do sentimento, conseguem sobrepor-se às limitações da matéria e sentem a gloriosa realidade da presença de Deus no Universo, o que os leva a experimentar sensações de felicidade e de plenitude de vida tão intensas que são verdadeiros êxtases celestes.

Há em homens assim uma consciência tão ampla de interação, de comunhão profunda com a Natureza, que um Francisco de Assis, plenamente integrado na obra da Criação, via irmãos seus nas aves, nos animais, no mar, no rio, na flor, no fruto, no Sol, na Lua, nas estrelas...

Para encetar-se a jornada rumo a tão elevado estágio de espiritualidade, é preciso ter limpo o coração. Poderíamos definir essa pureza como a ausência de sentimentos inferiores — a cobiça, a luxúria, a maldade, o ódio, o ressentimento, a ambição, o orgulho, a vaidade, o egoísmo...

As crianças, não porque detenham a pureza, mas porque os sentimentos inferiores ainda dormitam em seus corações, são mais espontâneas, mais capazes de uma ligação com os valores espirituais, revelando, não raro, uma surpreendente religiosidade.

Nossas orações, nos verdes anos da infância e no início da adolescência, são mais puras. Sentimos mais de perto a presença dos Espíritos em nos dirigirmos aos benfeitores espirituais com muita naturalidade. Por isso, assimilamos amplamente a proteção do Céu ao surgirem as dificuldades da Terra.

Com a maturidade física e a integração na vida social, com seus problemas, seus interesses, suas disputas despertam no indivíduo as tendências inferiores, herança de desatinos passados. E, após um período de conflitos íntimos, nascidos da luta entre os ideais religiosos não bem definidos e amadurecidos e as paixões humanas, arraigadas e fortes em sua personalidade, ele acaba por acomodar-se às próprias fraquezas.

Surge, então, o tipo comum, esmagadora maioria na Terra: o indivíduo que defende o valor do Bem, mas com facilidade se detém no Mal. Alguém que acredita em princípios morais, mas nem sempre age com moralidade. Se atrelado à religião, temos nele o fariseu, preocupado com as aparências, sem cuidar da essência.

Há um castigo imposto àqueles que se deixam levar pelas tendências puramente humanas. É a perda da tranquilidade, a insatisfação crônica, a angústia existencial, marcadas pela incapacidade de orar, de sentir a presença da Espiritualidade. E a vida, assim, torna-se um fardo terrivelmente pesado.

No passado, muita gente tentava adquirir pureza para o cultivo da religiosidade autêntica, entregando-se a mortificações não raro caracterizadas por excessos mórbidos. Anacoretas pastavam nos campos, à maneira de animais; outros rolavam nus sobre arbustos espinhentos ou viviam em charcos infestados de serpentes. Monges de determinadas ordens passavam a existência em sombrios mosteiros, sem jamais pronunciarem uma única palavra.

Certamente, tudo o que puderam aprender nessas desastradas existências foi que ninguém pode encontrar

Deus aplicando agressividade contra si mesmo ou fugindo do convívio social.

A retomada da pureza, para o cultivo da fé autêntica, não pode estabelecer-se em clima de isolamento nem de mortificação. Impossível também retomá-la ao nível da ingenuidade ou da simplicidade dos primeiros anos de vida.

Com a Doutrina Espírita aprendemos a retomá-la em níveis mais altos e definitivos, em bases de conscientização, seguindo os caminhos do trabalho no campo do Bem e do combate sistemático às nossas tendências inferiores. Neste particular, há muitas perguntas que deveríamos formular diariamente:

Quantas horas por dia estamos dedicando à participação em obras assistenciais?

Quantas vezes por semana temos comparecido ao círculo da oração, no templo de nossa preferência, não para receber, mas para oferecer algo, em termos de participação?

Quais os recursos que estamos mobilizando para ajudar a combater a miséria e o infortúnio que grassam na vida social?

Quantas vezes temos calado diante das ofensas alheias?

Quantas vezes temos perdoado aos que nos criticam?

Quantas vezes temos disciplinado a língua, evitando a maledicência?

Quantas visitas temos feito a enfermos e necessitados, atendendo suas necessidades imediatas, levando-lhes consolo e esperança?

O que temos feito para edificar o Bem no mundo? Qual nosso empenho por eliminar o Mal em nós?

Em se tratando de comunhão com Deus, o culto religioso, a reunião mediúnica, o trabalho doutrinário, a leitura do livro espírita são recursos preciosos. Todavia, representam apenas um planejamento. Para sentir a presença de Deus, precisamos muito mais de "fazejamento".

7
O nascimento divino

*Bem-aventurados os pacificadores, porque serão
chamados filhos de Deus* (Mateus, 5:9).

Filhos de Deus todos o somos, visto que criados por Ele. Todavia, há tantas imperfeições, tanta maldade no ser humano, que se poderia até colocar em dúvida nossa origem divina.

Veja-se, por exemplo, um Átila, tão sanguinário que se ufanava de que a erva não mais crescia onde ele passava com seu cavalo; ou um Hitler, que exterminou cerca de seis milhões de judeus, sob o pretexto de preservar a pureza da raça ariana; ou um Nero, que se divertia vendo o gigantesco incêndio de Roma por ele próprio ordenado. Gente assim e todos aqueles que se comprazem no Mal poderiam, com muito mais propriedade, situar-se como filhos das sombras.

Sabemos, todavia, que somente Deus tem o poder de criar Espíritos, seres pensantes, dotados de inteligência e livre-arbítrio. A maldade não faz parte de nossa natureza divina. Trata-se de doença contraída por nós mesmos quando cultivamos a rebeldia e o desatino. O indivíduo mau, por isso, é alguém que pede o concurso do tempo e a terapia da dor, a fim de recompor-se no caminho da evolução.

Parecerá estranho o quadro dos conflitos da alma humana, onde identificamos, com muito maior frequência, o desajuste, fruto de nossas incursões no Mal, do que a harmonia que deveria caracterizar nossa origem divina. É que nos falta uma visão em profundidade, e não percebemos que as próprias contradições humanas, com seus desajustes e males, fazem parte do processo de maturação espiritual que prepara o filho verdadeiro de Deus.

Se abrirmos um ovo choco, sentiremos náuseas ante o mau cheiro exalado por aquela pasta viscosa, disforme. Entretanto, o que nos parece decomposição é apenas transformação; o que se nos afigura repugnante é apenas o berço de uma nova vida, que desabrochará, em breve, repetindo a beleza e a poesia sempre sublimes do pintainho que rompe a casca do ovo.

Da mesma forma o ser humano, se analisado em suas tendências, se dissecado em suas fragilidades, parecerá pouco atraente e até repulsivo, quando comprometido com o Mal.

É que de certa forma também estamos em processo de gestação no ventre da Natureza. Mas, potencialmente, somos bons, fomos criados para o Bem, tanto que somos realmente felizes apenas quando o praticamos.

E será o Bem que acabará por prevalecer em nossa personalidade, ainda que se faça necessário o concurso dos milênios. Então, rompida a casca da animalidade, surgirá o anjo, o filho verdadeiro de Deus.

Aproximam-se dessa gloriosa realização os que, segundo Jesus, são pacificadores.

Pacificar é trazer a paz.

Perfeitamente lógico que a capacidade de favorecer a paz seja a característica principal do filho verdadeiro de Deus. O primeiro dever de um filho é o de respeitar a casa de seu pai, trabalhando por mantê-la em ordem e harmonia.

Alguém que xinga, que discute, que atormenta os familiares, transformando o lar num verdadeiro inferno, pode ser chamado filho, sob o ponto de vista biológico, mas moralmente é um bastardo, um filho das sombras, por faltar-lhe o elementar dever de gratidão e respeito para com aqueles que o colocaram no mundo, que lhe garantiram a vida nos primeiros anos, que lhe ofereceram sustento e moradia.

Todos temos, no círculo de nossas relações, pessoas admiráveis que procuramos nos momentos difíceis, em busca de fortalecimento e orientação. Ao seu lado, a vida nos parece menos complicada, os problemas menos difíceis, as dificuldades menos constrangedoras.

Essas criaturas maravilhosas não são necessariamente cultas, portadoras de diplomas. Não raro são até muito simples, de pouca instrução. Mas há algo que as distingue: são filhos verdadeiros de Deus, que realizaram a paz em seus corações e estão trabalhando por edificá-la no mundo.

8

Os heróis maiores

*Bem-aventurados os que sofrem perseguição
por amor à justiça, porque deles é o
Reino dos Céus* (Mateus, 5:10).

Jesus parece reafirmar na sétima bem-aventurança a promessa contida na quarta, já que dificilmente encontraremos alguém que não julgue uma questão de justiça sua promoção ao Céu.

Todavia, as duas afirmativas têm significados diferentes. Na anterior, como já comentamos, Jesus refere-se aos que aceitam com bom ânimo as vicissitudes da Vida, reconhecendo nelas recursos de evolução que depuram e amadurecem.

Essa forma de justiça, caracterizada pelo esforço em resgatar com dignidade os próprios débitos, faz os heróis anônimos, que, sem murmúrios ou queixas, carregam fardos pesados — limitações físicas, problemas familiares, dificuldades financeiras, moléstias de longo curso e muitos outros males; prisioneiros de provações redentoras que, em vez de baterem a cabeça contra as grades do destino, procuram fazer o melhor, valorizando seus sofrimentos e habilitando-se a estágios mais altos de espiritualidade.

Na presente afirmativa, Jesus refere-se aos idealistas que ousam enfrentar as limitações e preconceitos de sua época. Geralmente, estes intimoratos desbravadores são atacados, caluniados, encarcerados e até mortos, mas ficam para sempre na História como precursores de tempos novos, de benéficas reformulações sociais, de valiosas conquistas no campo da moral, da ciência, da religião, da arte, situando-se, não raro, como autênticos representantes do Céu.

A coragem de proclamar sua fé conduziu milhares de cristãos ao Circo Romano, onde foram devorados por feras famintas ou transformados em tochas vivas, mas seu sacrifício consolidou o Cristianismo, marco supremo de luzes a mostrar ao homem o caminho da redenção.

Porque se atreveram a contestar dogmas absurdos e infantis, que amesquinhavam a inteligência, Giordano Bruno e Jan Hus foram condenados à morte, mas firmaram-se como precursores de concepções que abririam novas perspectivas ao pensamento religioso.

A coragem de decretar a abolição da escravatura trouxe a Abraham Lincoln problemas e angústias que culminaram com sua morte, assassinado por um fanático sulista, mas graças a ele os Estados Unidos livraram-se de um regime atentatório aos direitos humanos.

Por denunciar a opressão e o abuso do poder, em seu país, Alexander Soljenítsin enfrentou toda sorte de humilhações, culminando por ser banido da Rússia, a pátria amada, mas sua bravura abriu caminho para outros contestadores que, mais cedo ou mais tarde, terminarão por arejar o sufocante comunismo russo.

Forçoso reconhecer, entretanto, que se todos aqueles que lutam por reformulações sociais, que trabalham pelo progresso humano, são candidatos ao Reino dos Céus, nele entrarão apenas os heróis maiores, mais autênticos, os que têm humildade. Isto o próprio Cristo o demonstrou ao situá-la, na primeira bem-aventurança, como senha indispensável.

O verdadeiro reformador é aquele que jamais desce à agressividade, reconhecendo que nenhum ideal nobre se realizará em plenitude sob orientação da violência, e que jamais as forças do Bem se corporificarão na Terra senão por meio daqueles que se disponham a agir com bondade.

O grande exemplo é o próprio Cristo, que poderia assumir a condição de Rei todo-poderoso e dominar nações, impondo sua vontade. No entanto, preferiu as palhas da manjedoura, na condição de humilde descendente de um carpinteiro, a fim de mais diretamente falar ao coração humano, consciente de que a maior de todas as revoluções, a única capaz de transformar a Terra num paraíso, está na mobilização plena da criatura humana em favor da causa do Bem.

9
O assédio das sombras

Bem-aventurados sereis quando, por minha causa, vos injuriarem e perseguirem e, mentindo, disserem todo Mal contra vós. Regozijai-vos e exultai, porque é grande vosso galardão nos Céus, pois assim perseguiram os profetas que viveram antes de vós (Mateus, 5:11 e 12).

Jesus demonstra aos cristãos iniciantes, convocados à disseminação de seus princípios, que a tarefa não seria fácil. Assim como homens santos, no passado, haviam sido contestados e, não raro, eliminados, a comunidade cristã também enfrentaria duros testemunhos.

Ele próprio seria crucificado, não sem antes lembrar, na última ceia com os discípulos, que o servo não pode ser maior do que o senhor: "Se me perseguiram, também perseguirão a vós outros".

Suas previsões cumpriram-se integralmente. Pelos séculos afora os seguidores da doutrina nascente enfrentariam perseguições sem fim. Foram reações perfeitamente compreensíveis. Vivemos num planeta moralmente subdesenvolvido, o que se poderá constatar facilmente, contemplando o panorama desolador de ambições e vícios, inconsequências e maldade que está presente em todas as coletividades, com o predomínio de forças do Mal, sempre prontas a se erguerem contra os idealistas que se atrevem a sonhar com um mundo melhor.

A Terra evoluiu nestes dois mil anos de Cristianismo. As lições de Jesus impuseram substanciais mudanças nos costumes e nas leis. Todavia, o homem ainda não superou milenárias tendências inferiores, disposto à violência, comprometido com a irresponsabilidade, encastelado no egoísmo.

Por isso os servidores do Evangelho encontram muitas dificuldades, assediados sempre pelas sombras, que aprimoraram seus métodos. Não dispondo mais do Circo Romano ou dos tribunais inquisitoriais e recursos similares, atuam hoje de forma mais sutil, envolvendo-os em problemas familiares, dificuldades financeiras, contratempos profissionais, males físicos indefiníveis, tensões e angústias...

No próprio meio espírita, onde há uma conscientização mais avantajada e uma convocação mais incisiva ao serviço do Bem, em face da clareza com que se exprime a Doutrina Espírita sobre o assunto, muitos servidores afastam-se de suas tarefas, atrapalhados por contratempos variados e comprometidos em deslizes morais que apenas representam a culminância de insidiosos processos de influência espiritual inferior. É como se desistissem de cultivar bondade ou desanimassem de lutar contra a violenta correnteza das paixões humanas.

Esqueceram as advertências de Jesus. Se o Mestre ofereceu flores de beleza inexcedível e inebriante perfume, na excelsitude de suas lições, deixou bem claro, também, que haveria espinhos; que os servidores fiéis seriam invariavelmente assediados por inteligências cristalizadas no Mal, que lutam em desespero por manter seu domínio na Terra, o qual lhes escapa na medida em que o Evangelho conquista corações.

A confiança nas promessas de Jesus pode ser avaliada pela disposição de continuarmos a servi-lo, fazendo o melhor, conscientes de que quanto maiores as lutas mais meritórias as vitórias, quanto maior a pressão das sombras mais claramente enxergaremos as luzes do Céu.

O conhecimento desse assédio não significa que os discípulos do Evangelho sigam atormentados pela Terra. A vida de Jesus, mesmo em face das perseguições que enfrentou, foi sempre um hino ao bom ânimo. Evangelho é Boa-Nova — a excelente notícia de que existe um Senhor Supremo, um Pai de Justiça e Misericórdia que trabalha incessantemente pela felicidade de seus filhos. Essa é a realidade que deve ocupar todos os espaços de nosso universo íntimo, sem deixar lugar para temores ou dúvidas, angústias ou inquietações.

O Apóstolo Paulo, que tão bem assimilou a mensagem de Jesus, transformando-se no mais indômito e perseverante disseminador de seus princípios, tinha duas afirmativas basilares sobre o assunto.

A primeira fala da coragem que deve caracterizar o comportamento cristão, ante a certeza da proteção divina: "Se Deus estiver conosco, quem estará contra nós?" (*Romanos*, 8:31).

A segunda lembra qual deve ser a atitude do cristão, mesmo diante dos piores contratempos, considerando que não importam as pedras do caminho quando a meta é gloriosa: "Regozijai-vos sempre" (I *Tessalonicenses*, 5:16).

10
O tempero da vida

Vós sois o sal da Terra; ora, se o sal perder o seu sabor, para que haverá de servir, senão para ser lançado fora e pisado pelos homens? (Mateus, 5:13)

Há visitas para o almoço e a dona de casa prepara com carinho a refeição, esmerando-se tanto que mais parece um banquete. Ante a contemplação convidativa de finas iguarias a estimular-lhes o apetite, os convivas antecipam momentos de deleite gastronômico.

Desde a primeira garfada, todavia, constata-se o desastre: os alimentos, embora de esplêndida aparência, estão intragáveis — esqueceram de usar o sal.

O vexame dos hospedeiros ilustra bem o ensinamento de Jesus. Por tudo o que representa, o Evangelho é de aplicação indispensável para dar sabor à existência, tornando-a saudável e feliz. Sem ele a vida fica insípida, sem atrativos, monótona, tediosa, complicada, ainda que as circunstâncias sejam as mais favoráveis, ainda que a aparência seja magnífica.

Uma casa pode ser ampla, moderna, confortável, mas, se o Evangelho não estiver presente nela, prevalecerão desentendimentos e mágoas, convertendo-a em túmulo das melhores aspirações de felicidade.

Uma civilização poderá ser muito rica, tecnologia avançada, cultura admirável, produção ótima, mas, sem Evangelho, fatalmente serão disseminadas a prepotência e a ambição, a dissolução dos costumes e a irresponsabilidade, minando seus valores morais e determinando sua decadência e morte.

Uma religião poderá atrair multidões com ritos e rezas, cerimoniais e pompas, cantos e promessas, magias e superstições, tão a gosto da mentalidade popular, mas impossibilitada, por isso mesmo, de assimilar o Evangelho, que pede simplicidade acima de tudo; ficará presa ao imediatismo dos interesses efêmeros ou à rotina das exterioridades, desvirtuando-se e perdendo sua função fundamental de condutora de almas para Deus.

Em verdade, nada na existência terá sabor de felicidade autêntica; nenhuma associação humana, seja no lar, no trabalho, na comunidade, se fará com equilíbrio e proveito; jamais estaremos em paz com a própria consciência, sem uma pitada de Evangelho em tudo o que fizermos, o que significa o empenho de aplicar, de conformidade com as circunstâncias, um pouco de tolerância, um pouco de carinho, um pouco de bondade, um pouco de sacrifício, um pouco de renúncia em favor do semelhante.

Quanta gente se alimenta de monotonia e tédio, angústia e tensão, por não cultivar o amor fraterno preconizado por Jesus, que pressupõe o empenho de fazer algo de útil em favor do próximo, todos os dias, com a mesma indispensável regularidade de quem faz uso da alimentação?!...

Os homens ainda não aprenderam a lição fundamental; a chave da felicidade chama-se servir! Parecem ignorar o quanto é bom cultivar bondade! Por isso, passam rastejantes pela vida, ferindo-se nos espinhos da estrada, chafurdados na lama do chão.

Suponhamos a existência de um povo primitivo, habitante de região distante e desconhecida, tão atrasado e indolente que se habituou, desde remoto passado, a rastejar. Certo dia, chega um missionário e mostra àquelas estranhas criaturas que podem erguer-se. A maioria não se mostra disposta a vencer o condicionamento. Estão acostumados, acham mais fácil rastejar, embora suas inconveniências. Alguns, entretanto, se dispõem a tentar. Erguem-se com dificuldade, caem várias vezes, machucam-se, mas perseveram e, após muitos exercícios, conseguem, finalmente, firmar-se sobre as pernas e andar. Verificam, eufóricos, que é bem mais fácil e agradável viver assim!

Jesus é o missionário. O Evangelho é o manual de exercícios para que nos coloquemos em pé nos caminhos da Vida, enriquecendo-a com os valores da virtude e do Bem!

Por isso, diz o Mestre que o cristão é o sal da Terra — aquele que dá sabor e substância ao relacionamento humano —, mas adverte que tenhamos cuidado; que não enterremos nossos ideais, que não nos acomodemos às nossas imperfeições. Se isso acontecer, o Evangelho de nada nos servirá e acabaremos rastejantes de novo!

11
O brilho do Bem

Vós sois a luz do mundo. Não se pode esconder uma cidade edificada sobre um monte; nem se acende uma candeia para colocá-la debaixo do alqueire, mas no velador, e ilumina todos os que se encontram na casa. Assim brilhe também a vossa luz diante dos homens, para que vejam as vossas boas obras e glorifiquem vosso Pai que está nos Céus (Mateus, 5:14 a 16).

Jesus compara seus seguidores à luz que afugenta as trevas. O Cristianismo, com seus valores morais elevados, com seu empenho pela construção do Reino de Deus, fatalmente se destacaria na História, da mesma forma que seria impossível deixar de ver uma cidade edificada sobre a montanha. Se está claro, nota-se perfeitamente o contorno de seus edifícios; se escurece, suas luzes destacam-se.

Individualizando a figura do cristão, Jesus oferece a sugestiva imagem da candeia. Alqueire era uma espécie de vaso usado para medir líquidos ou cereais. Ninguém acende uma candeia para colocá-la prisioneira sob o alqueire. A luz deve estar no velador — suporte colocado no alto — para que ilumine o ambiente. Em linguagem atual: não se liga uma lâmpada dentro de recipiente fechado. Para cumprir sua função ela deve estar livre.

O mesmo acontece com o Evangelho. É a luz que ilumina, que dá significado à vida e a valoriza, mas se procurarmos em suas lições apenas conforto e bem-estar para nós, sem compreender seu apelo maior, convocando-nos à fraternidade, então sua claridade ficará aprisionada no vaso do egoísmo e de nada valerá, pois, apesar de detê-la, continuaremos na escuridão de nossas mazelas.

Ao recomendar "brilhe a vossa luz diante dos homens para que vejam as vossas boas obras e glorifiquem a vosso Pai que está nos Céus", Jesus ensina que o luzir do Evangelho em nós está condicionado à prática do Bem. Por isso, o verdadeiro cristão é alguém cujo comportamento é invariavelmente edificante; que estimula à virtude, cultivando seus valores e que converte irresistivelmente ao Evangelho com a força do exemplo.

A esse propósito, lembramos a extraordinária figura de Alcíone, do livro *Renúncia*, autoria de Emmanuel, psicografia de Francisco Cândido Xavier. Atingindo estágios angelicais de evolução, eximira-se de voltar à Terra, mas voltou, por iniciativa própria, a fim de ajudar um grupo de tutelados seus. Sua presença em nosso mundo, embora no anonimato de condição humilde, tornou-se tão marcante que todos quantos com ela conviveram foram invariavelmente influenciados por ela.

E como Alcíone realizava semelhante prodígio? Fazendo prevalecer sua autoridade de anjo? Impondo sua vontade? Não! Discípula fiel do Cristo, ela simplesmente observava o Evangelho em sua expressão mais pura, não se limitando a perdoar os ofensores, mas achando uma desculpa para eles; não se limitando a tolerar as imperfeições alheias, mas ajudando as pessoas a superá-las com a serenidade de uma paciência sem limites; não apenas cumprindo os deveres de filha, religiosa, serviçal, mas comportando-se com valores de renúncia, dedicação e heroísmo, que fizeram dela uma inesquecível figura de mulher.

Um pequeno episódio nos oferece a medida de seu caráter. Alcíone trabalhava como governanta em rica mansão. Era muito estimada pelo dono da casa, Cirilo, a filha Beatriz e seu sogro Jacques, mas detestada por Susana, a patroa, enciumada de sua benquerença. E não se cansava de fustigá-la, impondo-lhe tarefas rudes, desvinculadas de suas atribuições, com o propósito de levá-la a deixar aquela casa, já que não podia tomar a iniciativa de despedi-la, com o que seus familiares não concordariam. Certo dia chama a governanta:

"— Alcíone, a lavadeira está doente e deverás substituí-la.

— Sim, senhora".

E lá vai Alcíone cumprir a tarefa alheia às suas responsabilidades. A menina Beatriz, vendo-a no tanque, revolta-se. Chama o pai e acusa a mãe de explorar a serva. O marido irrita-se, recrimina a esposa com aspereza. Susana agita-se. Nervosa, debulha-se em lágrimas. O ambiente torna-se tenso. Então, Alcíone, que tudo observava, dirige-se ao patrão.

"— Senhor Cirilo, desculpe-me entrar na conversa, mas pode crer que a senhorita Beatriz está enganada. Dona Susana não me impôs a substituição da lavadeira. Fui eu mesma que ofereci minha colaboração. Não se preocupe. Estou acostumada com esse serviço."

As palavras de Alcíone, pronunciadas com evidente inflexão de sinceridade e boa vontade, desanuviam o ambiente. Pai e filha tranquilizam-se. O gesto da serva, somado a outros iguais em circunstâncias semelhantes, acaba por sensibilizar Susana, que se torna sua amiga.

Assim é o cristão autêntico. Onde ele está, a vida sempre se faz plena de claridades, pois refletem-se nele as luzes do Céu, marcadas por uma dedicação sem limites à causa do Bem.

12

A palavra de Deus

Não penseis que Eu vim destruir a Lei ou os profetas; não os vim destruir, mas cumprir. Porque em verdade Eu vos digo que, enquanto o Céu e a Terra não passarem, nem um só jota, nem um só til da Lei passarão, sem que tudo se cumpra (Mateus, 5:17 e 18).

Gênesis, Êxodo, Levítico, *Números* e *Deuteronômio*, os cinco primeiros livros sagrados do Judaísmo, atribuídos a Moisés, compõem a Lei. O termo "profetas" designa os demais. Juntos, dão origem ao Velho Testamento, atual primeira parte da *Bíblia*.

Quando Jesus afirma que não veio destruí-los, está sendo coerente, pois seria um contrassenso Ele, que viera ao mundo com uma revelação divina, parcela da Verdade desdobrada aos homens, revogar o que fora anteriormente revelado. A Verdade é imutável — partes dela mostradas aos homens completam-se, sem jamais se contraporem.

Todavia, poder-se-ia dizer que há uma contradição em suas afirmativas, porquanto, no próprio Sermão da

Montanha, Ele alteraria substancialmente muitos conceitos antigos.

É que estes, somente em essência, exprimem orientação divina. Tudo o mais é apenas o relato das experiências e tradições do povo judeu, altamente belicoso e materialista, contido por severas disciplinas que atendiam aos interesses da época, mas estavam longe de exprimir a vontade do Criador.

Há passagens incríveis em suas páginas, a começar pela fantasiosa criação do mundo, no livro *Gênesis*, que nos fala de um homem feito de barro, uma mulher tirada de sua costela, uma serpente que fala e um pecado original, que é muito mais um original pecado — servir-se do fruto da árvore da ciência do Bem e do Mal, o que fora proibido por Jeová — porquanto, como pode alguém incorrer em desobediência sem ter noção do que é certo ou errado?

Nós, que não temos nada a ver com as peraltices de Adão e Eva, sofremos ainda hoje as consequências de seu ato. Segundo o relato bíblico, vivenciamos doenças, sofrimentos, limitações e a própria morte, apenas porque eles não se mantiveram ignorantes.

A legislação mosaica tem orientações não menos aberrantes, como a determinação de que o cunhado se case com a viúva de seu irmão; a pena de morte para quem desrespeita os pais ou não observa o descanso do sábado, e a amputação do braço como castigo para o crime do furto.

Quanto aos profetas, situados como indivíduos divinamente inspirados, comportavam-se, não raro, de forma nada exemplar...

Eliseu, a caminho de Betel, encontra um bando de crianças que, em infantil folia, o chamam de careca. Tomado de irritação, ele evoca sobre elas a cólera divina. Logo após, duas ursas saem de um bosque próximo e dilaceram 42 crianças...

Salomão, proclamado sábio dos sábios, iniciou seu reinado mandando eliminar seu irmão Adonias. Consta que castigava impiedosamente seus adversários e que tinha 700 mulheres e 300 concubinas.

Ezequiel, supostamente inspirado por Deus, fez-se amarrar, comeu um pergaminho e deitou-se 390 dias sobre o lado direito, mais quarenta sobre o esquerdo; depois banqueteou-se comendo bolos assados sobre excrementos humanos...

Aterradoras são as determinações de Jeová em relação a outros povos. Josué conquistou várias cidades e, seguindo literalmente a recomendação divina, não deixou com vida nada que tivesse fôlego, fossem homens, mulheres, crianças, pássaros, aves ou animais. Sob "inspiração divina" os judeus passaram pela História de espada na mão...

E há quem afirme ser a *Bíblia* a palavra de Deus!

Por isso, quando Jesus proclama que não veio destruir a Lei e os profetas, refere-se ao que, no Velho Testamento, pode ser considerado de inspiração divina, e que se reduz a algumas orientações obtidas por seus homens santos nos momentos de comunhão autêntica com a Espiritualidade Maior.

Em essência, temos na tábua dos Dez Mandamentos, recebida por Moisés no monte Sinai, a revelação autenticamente divina, definindo o que o homem não deve fazer. Nela estão os fundamentos da justiça humana, estabelecendo que nossos direitos terminam quando começam os direitos alheios, e que só nos é lícito fazer o que não implique prejuízo para nosso semelhante.

13

Ante o próximo

Aquele, pois, que violar um destes mandamentos, ainda que dos menores, e assim o ensinar aos homens, será chamado menor no Reino dos Céus; ao passo que aquele que os observar será chamado grande no Reino dos Céus. Porque vos digo que se a vossa justiça não exceder em muito a dos escribas e fariseus, jamais entrareis no Reino dos Céus (Mateus, 5:19 e 20).

Se observados integralmente, os mandamentos recebidos por Moisés, no monte Sinai, varreriam para sempre o Mal da Terra, o qual é sustentado por aqueles que, desrespeitando-os, matam, roubam, cobiçam, adulteram, caluniam...

Quando Jesus, após proclamar sua aplicação irrecorrível, esclarece que os infratores serão considerados pequenos pelo Céu, refere-se, evidentemente, às consequências futuras dos deslizes humanos, e muito mais severas serão as sanções a atingir aqueles que, além de desrespeitarem a orientação divina, induzam outras pessoas a fazerem o mesmo.

Que dizer do dirigente que incute no espírito do povo ideias de domínio e violência, como aconteceu na Alemanha de Hitler? E do romancista da chamada literatura marrom, de exploração do sexo, que induz o leitor a ideias viciosas e perturbadoras? E do professor que defende a permissividade, a liberalidade dos costumes, esmagando frágeis noções de dignidade e disciplina?

Em *A divina comédia*, Dante, o grande poeta italiano, descreve uma visita a regiões infernais, onde lhe foi dado ver os infratores das Leis Divinas, situados em sofrimentos variados e terríveis, de conformidade com a natureza do crime cometido.

Na série André Luiz, psicografia de Francisco Cândido Xavier, o autor descreve a vida Além-Túmulo para nos dizer que o relato de Dante, embora envolto pelo manto da fantasia, estava certo. Em regiões umbralinas estagiam Espíritos atormentados por sofrimentos resultantes de um comportamento irregular na Terra. E tanto maiores serão os desajustes daqueles que, além de se comprometerem com o Mal, arrastaram outras pessoas consigo.

Acolhidos em instituições socorristas do Plano Espiritual, estes trânsfugas da Lei refazem-se lentamente e, em processo de convalescença, ao indagarem como fazer por libertarem-se da angústia e da inquietação que os acompanham, inseparáveis, recebem a invariável orientação: é preciso que voltem sobre seus próprios passos. Que reencontrem suas vítimas, ajudando-as a se reerguerem dos abismos em que as precipitaram. Somente assim estarão liberados dos sentimentos que os infelicitam.

Ninguém poderá prever quantos séculos, quantas existências carnais decorrerão até que anulem as consequências de seus desatinos, reorganizando a própria vida.

Distanciados da angelitude, transitarão, no mundo, perplexos ante a soma de problemas e angústias que pesarão sobre seus ombros, sem que possam definir exatamente suas origens.

Aos poucos, no desdobramento de suas experiências, aprenderão a lição fundamental — a necessidade de ir além da "justiça de publicanos e fariseus", a fim de reencontrarem seu glorioso destino de filhos de Deus.

A justiça a que se refere Jesus exprime-se na simulação da virtude, na observância superficial das leis humanas, apenas na medida em que sirvam aos interesses pessoais. Para excedê-la é preciso assimilar integralmente o princípio fundamental: o próximo é nossa ponte para o Céu, na medida em que estejamos dispostos a promovê-lo com os valores da virtude e do Bem, mas pode ser também a porta para a dor, sempre que lhe roubemos a paz, atingindo-o com o Mal, ou induzindo-o a praticá-lo.

Por esta razão, as criaturas realmente convertidas ao Cristo, que lhe assimilam as ideias, não vacilam em ajudar o próximo, mas pensam mil vezes antes de qualquer iniciativa passível de exercer qualquer influência negativa sobre ele.

14
Para desativar explosivos

*Ouvistes o que foi recomendado aos antigos:
"Não matarás" e "quem matar, estará sujeito a
julgamento". Eu, porém, vos digo que quem quer
que se encha de cólera contra seu irmão, estará
sujeito a julgamento; que aquele que disser a seu
irmão: "Raca", estará condenado pelo tribunal;
e que aquele que lhe disser: "És louco", merecerá
condenação ao fogo do inferno (Mateus, 5:21 e 22).*

Usando a fórmula: "Ouvistes o que foi recomendado aos antigos", Jesus refere-se às escrituras sagradas do Judaísmo, para citar determinado trecho que irá abordar. Em seguida, usando outra fórmula: "Eu, porém, vos digo", enuncia ensinos que alterariam substancialmente conceitos temporais superados pela sua moral ou dar-lhes-ia um alcance maior, oferecendo ao homem uma visão mais clara de si mesmo e uma responsabilidade mais bem definida em relação ao semelhante.

Começa demonstrando que cometemos falta, não apenas quando matamos alguém, mas também quando nos encolerizamos contra alguém, quando colocamos em dúvida sua sanidade mental ou quando o desprezamos, o que os judeus faziam pronunciando a palavra "raca" — que significava homem sem nenhum valor —, e enunciavam-na cuspindo de lado para deixar bem claro que a pessoa não merecia nenhuma consideração.

Embora fora do alcance da justiça humana, esse tipo de comportamento é de uma violência arrasadora, a ponto de ser capaz de matar, na vítima, o bom humor, a coragem, a alegria, a estabilidade íntima. Há indivíduos tão agressivos que conseguem aniquilar nas pessoas a própria vontade de viver.

Por isso, sempre que a nossa palavra se transformar em estilete agudo, contundente, a ferir o semelhante, estaremos enquadrados como assassinos do sossego alheio, compelindo-nos a estágios depuradores de inquietação e angústia em penitenciárias interiores, situadas em nossa própria consciência.

Alguém diria: "Quando me exaspero com outrem é porque já me aborreceu ou prejudicou tanto, que feriu mortalmente minha paciência".

Semelhante raciocínio revela total desconhecimento dos princípios evangélicos. Segundo Jesus, a base fundamental de nossa estabilidade íntima não é o que os outros nos fazem, mas o que fazemos aos outros. O Mal atirado em nossa direção somente nos atingirá na proporção em que lhe oferecermos guarida e nos propusermos a usá-lo em revide.

Se alguém nos remete uma bomba pelo correio e soubermos qual o conteúdo do pacote, seremos tolos se nos dispusermos a abri-lo. O mesmo acontece com as injúrias que nos fazem. São bombas perigosas, capazes de colocar em risco nossa própria saúde. Por que recebê-las, reagindo negativamente? A atitude mais acertada é a compreensão. Se procurarmos ver no remetente alguém certamente perturbado por problemas e desajustes que lhe inspiram tal agressividade, teremos condições para desativar a bomba, preservando o próprio equilíbrio.

Se estamos transitando de automóvel e surge um congestionamento de tráfego, provocado por desarranjo em veículo à frente, será inútil ficarmos buzinando impacientes. Melhor será ajudar o motorista a resolver seu problema para que possamos prosseguir a viagem. O mesmo acontece no relacionamento humano. Não raro as pessoas atravessam nosso caminho, estacionadas na perturbação, trazendo-nos constrangimento e mágoa. Não adianta fazer soar buzinas de irritação. É fundamental usemos de compreensão e nos disponhamos a deixar o carro do melindre e do ressentimento, tratando de ajudar o companheiro, a fim de que nos libertemos.

Toda moral evangélica se funda num ponto essencial: nossa felicidade está subordinada não ao que recebemos, mas ao que damos. Aqueles que justificam sua agressividade, sua impaciência, seus desajustes, atribuindo-os ao comportamento alheio, ainda não aprenderam nem apreenderam nada do Evangelho.

15

Para não complicar

Se, pois, quando apresentares no altar a tua oferenda, te lembrares de que teu irmão tem qualquer coisa contra ti, deixa-a diante do altar e vai primeiro reconciliar-te com ele; depois, então, vem apresentar a tua oferta. Faze o mais depressa possível as pazes com o teu adversário, enquanto estás a caminho com ele, para não suceder que ele te entregue ao juiz, este ao oficial de justiça e que sejas metido na prisão. Em verdade te digo que dali não sairás enquanto não houveres pago até o último centavo (Mateus, 5:23 a 26).

A reflexão sobre a natureza de nosso relacionamento no convívio social faz parte dos caminhos que levam a Deus. Há, evidentemente, ressentimentos gratuitos, nascidos do ciúme, da inveja ou da frustração, marcados pela imaturidade que caracteriza pessoas despreparadas para um relacionamento sadio com o semelhante.

Quem poderá, entretanto, afirmar com absoluta segurança que está isento de culpa, diante das mágoas alheias?

Teremos sido absolutamente justos em nossas atitudes? Exercitamo-nos com elas na tolerância e no respeito, na compreensão e na fraternidade?

Não será muito mais importante reparar os prejuízos causados à criatura do que reverenciar o Criador?

Por outro lado, partindo-se do princípio de que quando um não quer dois não brigam, dificilmente encontraremos desafetos unilaterais. Se alguém está ressentido conosco é bem provável que alimentemos sentimento recíproco. A recomendação evangélica, ainda aqui, reveste-se de profunda lógica. Como dizer a um pai: "Não gosto de seus filhos! São maus e mesquinhos! Prejudicaram-me! Não obstante, preciso de sua ajuda! Conto com você!".

Deus sobrepõe-se às reações de um pai humano, que fatalmente se indignaria ante tais expressões, e nos ouve mesmo quando nos indispomos com seus filhos. Entretanto, há o problema da sintonia. Oração é ligação com a Espiritualidade Maior, é comunhão com os benfeitores espirituais. Para esse tipo de contato, é indispensável manter puro o coração, o que não ocorre quando asilamos a mágoa, o ressentimento, o rancor. Por isso, é preciso perdoar, mas perdoar *mesmo*.

Muitas vezes dizemos: "Perdoo, mas não esqueço o Mal que me fez!" — Isto é apenas volúpia da mágoa ou exacerbação do ressentimento...

Ou: "Perdoo, mas não quero vê-lo nunca mais!" — Aqui, estaremos expressando uma condição contraditória...

Há quem afirme: "Perdoo, porque ele é um infeliz, um ignorante, um pobre diabo!" — Isto vale por uma agressão disfarçada...

Perdoar é esquecer todo Mal, sem lembranças amargas, sem sanções, sem dependências de condicionamentos, sem menosprezo, sem desdéns velados ou ostensivos... Se isso nos parece difícil, é bom lembrar o Evangelho quando nos ensina que, se agirmos de outra forma, nunca nos livraremos do Mal!

Os sentimentos que guardamos no coração sustentam nossa alma. Que dizer do indivíduo que sistematicamente ingerisse alimento deteriorado? Masoquista, não? Alguém que encontra prazer em torturar o corpo, em atormentar-se a si mesmo.

É justamente isso o que ocorre com a maior parte das pessoas. Um levantamento estatístico constataria facilmente que o ódio, o ressentimento, a mágoa, o rancor matam mais do que o câncer, a tuberculose, as doenças cardíacas. Em verdade, estes e outros males físicos surgem, geralmente, como consequência de um comprometimento dos mecanismos de defesa, que se esboroam ante as tensões que geramos em nossa mente quando nos indispomos contra alguém.

Os que praticam o Mal, segundo a conceituação evangélica, não sabem o que fazem, candidatando-se a longos e dolorosos períodos de reparação e reajuste. Mas também os que não perdoam não sabem o que fazem, pois assemelham-se a alguém que, recebendo uma punhalada, insistisse em conservar o punhal cravado no peito, tornando inútil qualquer socorro e favorecendo a própria morte.

Como o ódio provoca ligações tão profundas quanto o amor, os odientos acabam por imantar-se aos seus desafetos e, consciente ou inconscientemente, se perturbam e se agridem uns aos outros, com vibrações destruidoras, originando os lamentáveis processos obsessivos, tão fartamente descritos pela literatura espírita.

Estas experiências infelizes podem durar séculos, até que a Justiça Divina intervenha, possibilitando a reconciliação e conduzindo os adversários a experiências reencarnatórias, em que ressurgem ligados pelos laços da consanguinidade — pai e filho, irmão e irmã, marido e mulher, a fim de que, superadas as divergências, sejam capazes de transformar ódio em amor.

É uma metamorfose profundamente difícil, porquanto, embora as bênçãos do esquecimento, os adversários conservam, instintivamente, a mágoa do passado. Daí as desavenças fáceis, a ausência de afinidade, as dissenções e contendas, quando não a completa aversão que chegam a experimentar entre si, o que para os mais esclarecidos é motivo de aflitivos padecimentos, em longas jornadas que, somente à custa de abnegação e sacrifício, conseguirão vencer, e que, para os mais atrasados, é incentivo à intolerância e à deserção.

Quanto trabalho, quanto sofrimento, quanto tempo perdido, porque alguém não perdoou!

16

O quarto mandamento

Ouvistes o que foi dito aos antigos: "Não cometerás adultério". Eu, porém, vos digo: qualquer que olhar para uma mulher com intenção impura no coração, já cometeu adultério com ela (Mateus, 5:27 e 28).

A poligamia é uma herança atávica do homem. O acasalamento múltiplo caracteriza variadas espécies irracionais. Há, porém, uma diferença fundamental: no animal as tendências poligâmicas estão orientadas pelo instinto, que estabelece tempo certo para a atividade sexual, exercida essencialmente como função procriadora; no homem, dotado de racionalidade e livre-arbítrio, o sexo deixa de ser mero instrumento de perpetuação da espécie, controlado pela Natureza, e passa a ser muito mais mero instrumento de gozo, subordinado aos seus desejos.

Como a promiscuidade sexual atende às solicitações humanas na procura insaciável de prazer, encontramos ainda hoje, em alguns países, a poligamia institucionalizada, regida por leis que permitem que o indivíduo tenha várias esposas. Onde ela não é permitida, surge a poligamia marginal, constituída pelas aventuras extraconjugais, a sustentar a prostituição e a gerar dramas passionais sem fim.

A monogamia situa a família em bases mais sólidas. Nela a mulher, não mais objeto sexual, eleva-se à condição de companheira do homem. O impulso sexual contido deixa o terreno da mera procura de sensação para as realizações mais nobres do sentimento.

Essa ligação mais íntima entre os cônjuges, decorrente dos compromissos monogâmicos, favorece o equilíbrio da prole, que se pode desenvolver em clima de segurança e bem-estar.

Considere-se, entretanto, que a monogamia é mera instituição social, e não uma disposição moral da criatura humana. O próprio Moisés, ao grafar a recomendação divina — "Não cometerás adultério" (*Êxodo*, 20:14) —, estava longe de compreender suas implicações, tanto que o povo judeu permaneceu poligâmico, social e moralmente. Machistas incorrigíveis, os judeus limitaram o alcance do quarto mandamento, nele enquadrando apenas o comportamento feminino.

Ao homem era lícito ter muitas esposas, tantas quantas pudesse sustentar, e ilimitadas experiências sexuais com prostitutas ou mulheres solteiras. Somente a mulher poderia ser julgada como adúltera, com consequências terríveis. Se surpreendida em flagrante adultério, determinava a Lei Mosaica que ela fosse apedrejada até a morte.

Jesus desfaz a discriminação e vai mais longe. O homem pode ser enquadrado como adúltero, não apenas quando desrespeita os compromissos conjugais, mas também quando alimenta o desejo de fazê-lo, cobiçando outra mulher.

Aparentemente sem importância, semelhante comportamento tem consequências graves. Quer na intenção, quer na consumação, o indivíduo empolgado por ideias de adultério situar-se-á em regime de insatisfação crônica e inquietação insuperável, porquanto o sexo, divorciado do amor e da responsabilidade, é mero exercício de animalidade, constituindo-se em porta aberta à influência de Espíritos obsessores.

Hoje, mais do que nunca, a advertência de Jesus deve ser observada por aqueles que procuram encarar com seriedade a existência, porquanto, no clima de permissividade atual, as defecções conjugais relacionadas com sexo, tanto da parte do homem quanto da parte da mulher, são comuns, consideradas normais e até estimuladas.

Isto tem gerado verdadeiras aberrações, como as incríveis experiências dos casais trocados, quando marido e mulher partem juntos para experiências sexuais promíscuas, envolvendo outros pares.

Semelhante comportamento nada mais representa senão a exteriorização degenerada dos impulsos da poligamia, situando o homem abaixo dos próprios irracionais, porquanto estes observam os limites sábios impostos pela

Natureza, enquanto o ser humano, dando asas à imaginação, não encontra fronteiras para suas fantasias degradantes.

A única maneira de conservar o equilíbrio e a paz, sem nos deixarmos arrastar pelas tendências desajustantes da atualidade, é levarmos muito a sério a recomendação de Jesus, aprendendo a ver no elemento do sexo oposto que se aproxima de nós, antes de tudo, um irmão ou uma irmã que nos compete respeitar, observando acima de tudo nossa condição de filhos de Deus, chamados ao exercício da razão e à sublimação do sentimento.

17

Mutilações

*Se teu olho direito te leva ao pecado, arranca-o e atira-o
longe de ti, porquanto melhor te é que pereça um
dos órgãos do teu corpo do que ser todo este lançado
na Geena. Se tua mão direita te leva ao pecado,
corta-a e lança-a longe de ti, porquanto melhor te é
que se perca um dos membros do teu corpo do que
ir todo este para a Geena (Mateus, 5:29 e 30).*

O nome Geena designava o vale de Hinnom, perto de Jerusalém, onde se sacrificavam crianças pelo fogo, a Moloch, deus dos amonitas, um povo da Síria que habitava aquela região, antes de ser vencido por Saul. Ao tempo de Jesus, o local transformara-se em depósito de lixo, que periodicamente era queimado.

Jesus usa a Geena como figuração para dizer que todos aqueles que se comprometem com o Mal estão colocados à margem do equilíbrio e da paz, até que o fogo depurador do sofrimento lhes restaure a primitiva pureza e lhes favoreça o reajuste.

Usando imagens fortes, esclarece que a mutilação física, que inibe os impulsos inferiores, é preferível à mutilação de nosso caráter, o que ocorre quando seguimos pelos tortuosos caminhos do vício, do crime, da irresponsabilidade. Aquela impõe limitações dolorosas, mas reajustantes, enquanto esta representa a falência de nossa alma nos caminhos da vida.

Pudesse a Humanidade alcançar a extensão das palavras de Jesus ao referir-se à dolorosa situação do Espírito mergulhado em abismos de sofrimento decorrentes de suas defecções, e muita gente sentir-se-ia tentada a violentar o próprio corpo, a fim de conter perigosos impulsos inferiores!

A prática do Mal é uma agressão muito pior que cometemos contra nós mesmos, precipitando-nos em longos períodos de inquietação e desajuste, que se iniciam na Terra, como decorrência imediata, e se completam no Plano Espiritual, onde somos convocados a uma avaliação completa da existência humana. Lá, colhemos, em plenitude, as consequências de nossos desatinos, internados compulsoriamente em regiões escuras e tristes.

Mas, se é da Justiça Divina que cada um colha segundo suas obras, a Divina Misericórdia faculta-nos sempre a oportunidade de reabilitação. Assim, nenhum sofrimento é eterno na Espiritualidade, e tão logo o Espírito reconheça a extensão de suas faltas e demonstre sincero propósito de renovação, será recolhido em instituições socorristas onde receberá tratamento adequado e carinhoso.

Ocorre, entretanto, que o sofrimento em regiões umbralinas habilita o criminoso ao amparo do Céu, mas não o libera de seus compromissos com a Terra. Assim, situar-se-á ele em regime de inquietação, inabilitado para a felicidade, até que repare suas faltas.

O retorno à carne torna-se, por isso, imperioso. E o Espírito chega a ansiar por ele, porquanto sabe que não há outra alternativa em favor de sua própria redenção.

Não obstante ensejar-lhe preciosa oportunidade de refazimento e reparação, com abençoado esquecimento do passado, a reencarnação impor-lhe-á também perigosa recapitulação no domínio de suas tendências, podendo levá-lo aos mesmos desvios em que se comprometera na existência anterior.

Em seu benefício funcionarão determinadas limitações físicas, escolha sua ou decorrentes de seus desajustes, impedindo-o de novos comprometimentos.

Cegueira, paraplegia, surdez e muitos outros males físicos surgem, assim, não apenas como reflexo dos erros do passado, mas também como recurso de retificação destinados a conter e eliminar tendências inferiores arraigadas no coração humano.

Com estes esclarecimentos oferecidos pela Doutrina Espírita, o ensinamento de Jesus ganha dimensões novas, alertando-nos em relação ao nosso comportamento, porquanto, sem empenho de renovação, estaremos sempre comprometidos com o Mal, que poderá entranhar-se de tal forma que exigirá aquele "cortar de braços e arrancar de olhos" da lição evangélica, em longos e penosos processos de reabilitação.

Mas nada disso será necessário, se ensaiarmos o Bem desde agora.

18
O problema do divórcio

Ouvistes o que foi dito aos antigos: "Quem abandonar sua mulher, dê-lhe carta de divórcio. Eu, porém, vos digo que quem repudiar sua mulher, a não ser por causa de infidelidade, a torna adúltera; e qualquer que casar com a repudiada comete adultério" (Mateus, 5:31 e 32).

Nos primórdios do Judaísmo os vínculos matrimoniais eram bastante frágeis. Se o homem chegasse à conclusão de que sua esposa não lhe convinha, até pelo fato de cometer uma falha no preparo da comida, bastava dar-lhe carta de divórcio, uma espécie de demissão ou rescisão do contrato matrimonial. Isto bem de acordo com a mentalidade da época, situada a mulher em regime de escravidão.

Por incrível que pareça, a carta de divórcio, instituída por Moisés, representava um progresso, pois regulamentava a separação e dava à repudiada o direito de constituir nova família.

No capítulo 19, do *Evangelho de Mateus*, Jesus diz, categórico, que semelhante instituição deveu-se à dureza do coração humano.

Ao referir-se ao assunto, no Sermão da Montanha, o Mestre explica que o casamento deve ser indissolúvel, admitindo a separação apenas num caso — a infidelidade —, porque esta destrói as bases fundamentais da união matrimonial: a confiança, a integridade, o respeito, o amor, a dignidade.

A Doutrina Espírita é bastante clara quanto à seriedade do vínculo matrimonial, demonstrando que ele é, geralmente, fruto de planejamento espiritual, e que, ao se ligarem, os cônjuges assumem compromissos muito sérios, não tão somente em relação ao próprio ajuste, mas, particularmente, no concernente aos filhos.

Todo casamento dissolvido representa fracasso dos cônjuges. A separação não faz parte do destino de ambos — é simplesmente uma alternativa, quando a união entra em crise insuperável. O divórcio, nesta circunstância, defendido por Kardec, em *O evangelho segundo o espiritismo*, capítulo 22, limita-se tão só a reconhecer uma separação já existente. É o mal menor, oferecendo ao casal divorciado a oportunidade de recompor suas vidas e de legalizar sua nova situação perante a sociedade.

Imperioso reconhecer — e nisso reside a seriedade do problema — que a separação representa uma transferência de compromissos para o futuro, em regime de débito agravado, sempre que os filhos ou os próprios cônjuges venham a comprometer-se em desajustes e desequilíbrios diretamente relacionados com a desintegração do lar.

Inútil, entretanto, considerar-se os prejuízos advindos da separação, diante daqueles que chegaram a extremos tais de desentendimento que tornam impossível a vida em comum. Nesta circunstância, nem toda a sabedoria do mundo os convencerá a permanecerem juntos, superando suas desavenças.

Por isso, mais importante do que tentar ajustar peças demasiadamente comprometidas pela ferrugem da discórdia, é cuidar de recursos que garantam a estabilidade matrimonial, a saúde do casamento.

Para tanto, a primeira providência é superar o velho engano cometido pelo homem e pela mulher, que se julgam casados apenas porque assinaram o livro do registro civil, submetendo-se às demais disposições legais.

Socialmente falando, o casamento é isso, mas, sob o ponto de vista moral e espiritual, trata-se de um compromisso a ser renovado todos os dias. Deve representar o empenho diário de dois seres, de estrutura biológica e psicológica totalmente diferentes, no sentido de se ajustarem. Cérebro e coração, razão e sentimento, força e sensibilidade, o homem e a mulher, realmente, são duas partes que se completam — mas somente com a força do amor. Não o amor paixão, que se esvai após a embriaguez dos primeiros tempos, mas o amor convivência, que se consolida com o perpassar dos anos, desde que sustentado pelos valores da compreensão, do respeito mútuo, da tolerância e da boa vontade.

Emmanuel tem uma imagem muito feliz a respeito do casamento, quando diz que a euforia dos noivos, no grande dia, é semelhante à do estudante que recebe o diploma do curso superior. É o coroamento de seus esforços, de seus anseios...

Mas depois vem o trabalho de cada dia, a dedicação, o esforço, o sacrifício, para que seu diploma represente para ele a base de uma vida melhor, econômica e socialmente.

Assim acontece com o casamento. Muita alegria no início, muito empenho depois, porque nenhuma casa será um lar autêntico, oásis de bênçãos e ternura, se não for primeiro uma oficina de boa vontade e de esforço em favor da paz.

Para tanto, lembrando ainda Jesus, é preciso que combatamos a dureza de nossos corações, pois, se bem analisarmos, verificaremos que todo problema de relacionamento humano, em qualquer lugar, principalmente no lar, nasce justamente porque nosso coração se fecha com muita facilidade ante as manifestações do egoísmo, que nos leva a exigir demais dos outros e tão pouco de nós mesmos.

19
O cultivo da verdade

Ouvistes o que foi recomendado aos antigos: "Não jurarás falso, mas cumprirás com o Senhor os teus juramentos. Eu, porém, vos digo que não jureis de forma alguma; nem pelo Céu, que é o trono de Deus; nem pela Terra, que é o escabelo de seus pés; nem por Jerusalém, que é a cidade do grande Rei. Não jurareis tampouco pela vossa cabeça, porque não podeis tornar branco ou preto um só de seus cabelos. Limitai-vos a dizer: sim, sim; não, não. O que disso passar procede do Maligno" (Mateus, 5:33 a 37).

O segundo mandamento da tábua da Lei preceitua: "Não pronunciareis em vão o nome do Senhor vosso Deus".

Isto significava para os judeus que eles deviam abster-se de usar o nome do Senhor como testemunho da Verdade.

Habilmente, segundo suas conveniências, passaram a usar substitutivos, jurando pelo templo, pelo Céu, pela Terra, por Jerusalém, por Moisés, pelos profetas...

Jesus, taxativamente, proclama que não se deve jurar de forma alguma, porque tudo no Universo é obra de Deus. Se jurarmos por alguém ou por alguma coisa, indiretamente estaremos envolvendo seu nome.

Nossas afirmativas, segundo Jesus, devem ser *sempre* verdadeiras. O fato de alguém exigir nosso juramento significa que nem sempre falamos a verdade, e quando o indivíduo habitua-se à mentira nem assim merecerá crédito, porquanto para ele será fácil evocar a Terra e o Céu, pretendendo dar força de autenticidade às suas mentiras.

As pessoas mentem nas mais variadas situações e pelos mais variados motivos.

Para esconder uma falta: "Não, papai, não quebrei seu vaso de estimação. Foi o Lulu que subiu à mesa...".

Para disfarçar um vício: "Não, mamãe, já lhe disse que não fumo. Não gosto de cigarro! Esse cheiro que a senhora sente está na minha roupa e nos meus cabelos... lá na escola todo mundo fuma e eu fico impregnada".

Para explicar um atraso: "Desculpe, chefe, o pneu do meu carro furou. Perdi um tempão para trocá-lo!...".

Para justificar uma omissão: "Claro que respondi à sua carta! Não recebeu a resposta? Ah! Esse correio! Está cada vez pior!...".

Para livrar-se de alguém: "Diga que não estou em casa!..." No fundo todos os mentirosos e todas as mentiras identificam-se em motivação comum: imaturidade. É ela que leva o indivíduo a mentir, seja para parecer o que não é, ou não deixar transparecer o que é, seja para não assumir a responsabilidade dos seus atos, seja por comodismo, ou embotamento de consciência.

É incrível como a mentira está disseminada no meio social! Um exemplo: não é novidade que muitos dos melhores propagandistas dos produtos de consumo são notórios mentirosos, sempre dispostos a envolver os incautos. Neste aspecto, a rainha do engodo é a televisão, que, colocada a serviço de interesses econômicos, condiciona nossos hábitos, nossas iniciativas, nossa maneira de viver. Ante a magia da técnica de envolver e a sutileza das imagens condicionantes, produtos farmacêuticos inócuos transformam-se em panaceias capazes de curar os mais variados males; alimentos de duvidoso valor nutritivo surgem como fontes abundantes de proteínas e vitaminas; lojas que exploram a bolsa do povo transformam-se em paraíso da economia... O que mais espanta são os comerciais de cigarro, apresentados com tais requintes de arte e técnica, que convencem multidões de que fumar significa *status*, torna o indivíduo importante, senhor de si, corajoso, atraente, campeão do sucesso, capaz de desfrutar plenamente a vida.

Observando atentamente, verificaremos que nossa existência é tremendamente complicada, justamente por vivermos num mundo onde grassa a mentira. As carteiras de identidade, as cartas de apresentação, os atestados de antecedentes criminais e muitos outros documentos exaustivamente adquiridos, exigidos em qualquer iniciativa que envolva nossa identificação social e profissional, não passam de meros comprovantes de que falamos a verdade ao declinar nosso nome, endereço, idade, estado civil, profissão...

Se efetuarmos uma transação comercial, principalmente envolvendo instituições financeiras, será indispensável comprovemos, mediante vasta documentação, possuir patrimônios que responderão pela dívida. Além do mais se exigirá o aval de alguém que, por sua vez, também deverá comprovar que possui recursos compatíveis com o montante de nosso débito. Isto porque se parte do princípio de que muita gente assume compromissos que não pretende ou não pode liquidar.

Se todos falássemos a verdade, eliminaríamos não apenas problemas dessa natureza, mas, praticamente, todo o Mal do mundo.

Sem a mentira não haveria adultério. Como trair o cônjuge sem iludi-lo?...

Sem a mentira não haveria comerciantes desonestos que apregoam vender com lucro mínimo, que geralmente se situa acima de 100%, alimentando a inflação...

Sem a mentira desapareceriam os profissionais da política, hábeis na arte de iludir o povo, que prometem tudo e não cumprem nada...

Sem a mentira não haveria "fofocas", comentários maldosos, boatos maliciosos. Como veicular algo negativo sobre alguém baseado no "ouvi dizer"?...

Sobretudo, sem a mentira haveria maior confiança entre as pessoas, esta virtude tão escassa hoje em dia, sem a qual a vida se torna um fardo terrivelmente pesado, principalmente quando isto ocorre no relacionamento familiar.

Talvez o mais importante, como estímulo ao cultivo da verdade, seja o fato de que a mentira jamais resolve os problemas humanos — apenas os transfere, não raro em regime de débito agravado, sob o ponto de vista espiritual. E antes de facilitar a vida, a mentira a torna mais difícil, complicando-a. O mentiroso torna-se escravo de suas mentiras. Para sustentar a mentira inicial, ele é obrigado a mentir sempre, comprometendo-se moral e espiritualmente.

É preciso, pois, cultivar a verdade, não apenas em favor de nosso equilíbrio, mas também como indispensável contribuição em favor da confiança e da paz entre os homens. Impressionante como um comportamento autêntico acaba por impor-se diante das pessoas, convocando-as a meditar sobre os valores da verdade, ainda que o exemplo parta da mais humilde criatura.

Uma moça pobre foi tentar a vida na Capital. Empregou-se em casa de abastada família como doméstica. No segundo dia de trabalho, cuidava de suas obrigações quando soou o telefone. Após atendê-lo foi à procura do patrão, que naquele momento almoçava, dizendo-lhe que o chamavam. A resposta veio pronta:

— Diga que não estou.

A jovem teve um sobressalto.

— O senhor quer que eu fale que está ocupado ou almoçando?

— Não! Diga simplesmente que não estou!

— Desculpe, mas isso não posso fazer...

— Ora essa, por quê?

— Porque sou cristã e desde cedo minha mãe ensinou-me que devemos levar muito a sério nossos compromissos religiosos, principalmente em relação à verdade.

— Ora essa, menina, você não vai mentir. Apenas transmitirá um recado.

— Sim, mas se não for verdade também estarei mentindo.

O patrão exaspera-se.

— Você é empregada aqui e tem que cumprir minhas ordens!

Ela, humilde:

— Sinto muito, mas essa ordem não vou cumprir.

— Será despedida!

— Deixarei esta casa ainda hoje, se for sua vontade, mas não posso negar meus princípios.

O patrão, profundamente irritado, levantou-se e foi atender ao telefone, prometendo a si mesmo providenciar sem demora a demissão da atrevida.

Contudo, não obstante voluntarioso, ele era um homem inteligente e sensível. Durante a tarde, em sua indústria, não conseguiu esquecer o episódio, impressionado com aquele exemplo de fidelidade à verdade, principalmente por partir de alguém tão jovem e tão pobre! Comentando o acontecido com um amigo, dizia:

— Sinto-me arrasado. Aquela menina está morando em minha casa, longe dos familiares. Se eu a despedir não terá onde ficar. No entanto, não vacilou em sacrificar sua segurança, seu emprego, sua moradia, por amor à verdade. E eu, com toda a minha cultura, meu dinheiro, minha posição social, pretendia que mentisse apenas por comodismo.

Regressando ao lar, à noite, foi procurar a jovem:

— Se você pretende sair de minha casa em virtude do incidente, saiba que não é preciso. Peço-lhe que me desculpe. Eu lhe prometo: tal fato não mais se repetirá. Sei agora da confiança e consideração que você merece.

Alguém poderia contestar: valerá a pena tanto rigor conosco? Não estaremos em desvantagem num mundo onde as pessoas mentem até por comodismo?

Responderíamos com outra pergunta: O que seria do Cristianismo se os primitivos seguidores de Jesus negassem sua condição para escapar ao Circo Romano? Para eles seria muito fácil uma simples mentira: "Não sou cristão" — e estariam salvos da fogueira e das feras.

Foi sua fidelidade à Verdade que permitiu ao Cristianismo sobrepor-se às perseguições, ao apodo, às zombarias, para estabelecer-se na Terra como supremo marco de luzes, inspirando os corações sensíveis na gloriosa edificação do Reino de Deus.

Devemos convir em que os testemunhos a que somos chamados hoje não são tão terríveis. Pede-se apenas que vivamos com autenticidade, conscientes de que nosso empenho nesse sentido é fundamental para que a Doutrina Espírita, Cristianismo Redivivo, se estenda sobre o mundo, não como simples repositório de fenômenos transcendentes, mas essencialmente como um roteiro de renovação e progresso para a Humanidade.

20
Do *talio* à boa vontade

Sabeis que vos foi antigamente dito: "Olho por olho e dente por dente". Eu, porém, vos digo que não oponhais resistência ao homem mau; que, ao contrário, se alguém vos bater na face direita, lhe apresenteis a outra; e, àquele que quiser demandar convosco em juízo para vos tomar a túnica, cedei-lhe também a capa. E se alguém vos forçar a caminhar mil passos, caminhai com ele dois mil" (Mateus, 5:38 a 41).

No livro *Êxodo* (21:24 e 25), Jeová diz assim: "Olho por olho, dente por dente, mão por mão, pé por pé, queimadura por queimadura, ferimento por ferimento, golpe por golpe".

Em *Levítico* (24:19 e 20), repete: "Se alguém causar defeito a seu próximo, que receba o mesmo Mal: fratura por fratura, olho por olho, dente por dente. Como ele tiver desfigurado a algum homem, assim se lhe fará".

E em *Deuteronômio* (19:21), ratifica: "[...]Vida por vida, olho por olho, dente por dente, mão por mão, pé por pé".

É a famosa pena de talião (do latim *talio*, de *talis*; a pena "tal" o crime), de prescrições incríveis: numa agressão, se a vítima fica sem dentes, o agressor sofrerá idêntica perda; se fica cega, o agressor terá vazados os olhos; se morre, o agressor será morto; o ladrão terá cortada a mão; o caluniador ficará sem a língua.

Esta justiça terrível, que recendia vingança, era usada com braço de ferro por Moisés para disciplinar um povo materialista e rebelde, sempre disposto, por iniciativa própria, a empregar o *talio*, castigando os ofensores sem esperar pelo concurso das autoridades.

Ainda hoje, apesar da evolução das leis e dos costumes, muita gente julga que a pena de talião resolveria o problema da criminalidade, tornando os homens menos agressivos.

Milenar engano, porquanto toda violência, ainda que praticada sob amparo legal, apenas gera violência. O Mal não pode ser combatido com suas próprias armas, sob pena de expandir-se. Temos um exemplo na Idade Média, quando a pena de talião foi usada em larga escala para punir criminosos. O resultado todos conhecemos: um dos períodos mais violentos da História.

Por isso, no combate ao Mal é fundamental ver no criminoso um doente a exigir tratamento e no ofensor um irmão perturbado que pede compreensão.

Estas noções, que vão sendo assimiladas paulatinamente pela justiça humana (dia virá em que as prisões serão transformadas em eficientes hospitais do Espírito), são fruto da nova moral instituída por Jesus, ao recomendar que não oponhamos resistência ao ofensor.

Naturalmente suas palavras devem ser observadas sob o aspecto simbólico, porquanto, se tomadas ao pé da letra, teremos a consagração da passividade, favorecendo a desordem.

O que o Mestre pretende é que não reajamos negativamente ao Mal que nos façam, respondendo na mesma dose de agressividade, pagando na mesma moeda. Sua filosofia de vida pode ser resumida numa afirmativa que não é sua, mas consta do Evangelho e é sempre lembrada nas comemorações do Natal: a proclamação dos anjos, diante dos espantados pastores de Belém: "Glória a Deus nas Alturas, paz na Terra aos homens de boa vontade" (*Lucas*, 2:14).

O mais precioso de todos os dons é a paz. Sem ela, esvaziam-se, inevitavelmente, todas as alegrias e satisfações. Segundo os anjos, Jesus viera trazer paz, *mas somente aos homens de boa vontade.*

A boa vontade, portanto, deve ser recurso para todas as horas, principalmente quando alguém nos molesta. Somente com ela nos habilitaremos à vivência dos ensinamentos evangélicos. E a todo instante, em variadas circunstâncias, somos convocados ao seu exercício.

Num cruzamento, surge um automóvel em desabalada carreira. Por pouco não se choca com nosso carro. Mal refeitos do susto, observamos que ele se detém um pouco adiante. O motorista põe a cabeça para fora e nos insulta, proferindo palavrões. E parte novamente, sem esperar por resposta. Reação à Moisés: Irritamo-nos profundamente — "O imbecil entrou mal na pista, agindo com imprudência, e ainda se atreve a ofender!" — e saímos em sua perseguição, a fim de tomarmos satisfações. Só Deus sabe o que poderá acontecer se o alcançarmos!...

Será muito mais prático e racional usar de boa vontade. Voltar a outra face seria compreender que aquele motorista, ou está com problemas muito sérios, e a tensão o levou à imprudência e à agressividade, ou é alguém grosseiro, temperamental, a quem a vida ensinará boas maneiras...

Às vezes, querem tirar-nos a túnica. Quantas ações dão entrada na justiça, envolvendo disputas, problemas de aumento de aluguel, de execução de serviços, de herança, porque as partes não entram em acordo, prendendo-se a bagatelas. Boa vontade, aqui, seria usar um pouco de desprendimento, considerando que as disputas em que nos envolvemos, quando decidimos endurecer em nossos pontos de vista, ou no que chamamos de nossos direitos, nos causarão tantas dores de cabeça e tantas irritações que fatalmente viremos a lamentar nossa intransigência...

Diante do chefe impertinente, o funcionário se exaspera, discute, briga, perde o emprego. Depois, passa por aperturas financeiras, submetendo a família a toda sorte de privações. Seria bem melhor se estivesse disposto a caminhar os dois mil passos da tolerância, cultivando boa vontade.

A grande dificuldade é que muita gente acha que se comportar assim é ser bobo ou covarde. Num mundo onde imperam o desatino e a violência, o bom senso e a mansuetude serão sempre recebidos com estranheza.

Mas, se estamos preocupados com a opinião alheia, jamais seremos cristãos. E Jesus não nos prometeu um diploma de consagração popular. O que Ele nos oferece é um áspero caminho de renovação, repleto de espinhos e sacrifícios, mas o único capaz de favorecer a edificação da paz em nossos corações. E, afinal, não é isso o que mais almejamos?

21

A grande revolução

Ouvistes o que foi dito: "Amarás o teu próximo e odiarás o teu inimigo". Eu, porém, vos digo: Amai vossos inimigos e orai pelos que vos perseguem, para que vos torneis filhos de vosso Pai que está nos Céus, porque Ele faz levantar-se seu Sol sobre bons e maus e faz chover sobre justos e injustos. Por que se amardes aos que vos amam, que recompensa tereis? Não fazem o mesmo os publicanos? E se saudardes somente os vossos irmãos, que fazeis de especial? Não fazem os gentios também o mesmo? Sede vós, portanto, perfeitos, como perfeito é o vosso Pai Celestial (Mateus, 5:43 a 48).

Temos aqui o mais importante momento do Evangelho, quando Jesus, investindo-se da autoridade de Mensageiro, Mestre e Sábio, oferece à Humanidade a revelação do amor, a mais marcante manifestação da presença de Deus no Universo.

Emissário do Pai Celestial, mostra uma concepção nova e surpreendente (para a época) de Deus. Não mais o Senhor inflexível, que aniquila seus inimigos impiedosamente e se vinga até a quarta geração daqueles que o ofendem, mas o Deus Pai, que ama infinitamente seus filhos, sem preferências, sem favoritismos, determinando que todos recebam das mesmas dádivas da Natureza, mesmo os desobedientes, mesmo os que se comprometem com o Mal, considerados imaturos ou enfermos, que, a seu tempo, retomarão aos caminhos retos, disciplinados por suas leis.

Mestre Supremo, nos ensina, com clareza meridiana, que retribuir com o Bem ao Bem que nos fazem não é virtude, mas simples obrigação. Até os publicanos (execrados pelos judeus por serem cobradores de impostos, colaboracionistas a serviço da dominação romana) faziam isso. Seria o mesmo que saudar apenas os irmãos de fé, elementar manifestação de educação, cumprida pelos próprios gentios, povos considerados bárbaros pelo Judaísmo, porque não professavam suas crenças. Jesus demonstra que a virtude começa quando, superando formalismos e discriminações, somos capazes de sentir, na pessoa do semelhante, seja qual for sua posição social, racial, cultural, moral ou religiosa, um filho de Deus acima de tudo, ao qual nos compete respeitar e considerar.

Revolucionário Maior, oferece-nos os fundamentos de uma revolução definitiva. Desde que o homem começou a viver em sociedade, as revoluções têm representado a reação contra uma situação social indesejável, a procura de nova ordem, supostamente mais justa, com melhores oportunidades de trabalho, bem-estar e prosperidade para todos. Nenhuma delas, entretanto, alcançou seus objetivos. A maioria apenas tem complicado o destino humano, gerando longos e angustiantes carmas coletivos. É que todas partem de um engano fundamental: a ideia de que podem melhorar a sociedade, disciplinando seus membros pela força. Toda ordem social que se instala em tal base fatalmente acaba desvirtuando seus propósitos, gerando tiranos e opressores. Por isso, sucedem-se as revoluções e perpetua-se o despotismo, em intermináveis ciclos de miséria e infortúnio para a Humanidade.

Não há fórmulas milagrosas, capazes de instalar o Bem na Terra, enquanto o homem não se modificar. E ninguém modificará a ninguém senão entrando em seu coração. E isso só se faz com amor. Quando houver suficiente número de pessoas capazes de amar o semelhante, edificando-o com incansáveis exemplos de virtude, o Mal será definitivamente banido de nosso planeta. Esta é a grande revolução iniciada por Jesus, uma revolução que pede gente disposta a usar armas diferentes, que se chamam compreensão, tolerância, renúncia, dedicação, bondade, com a mesma constância com que o Sol se levanta sobre bons e maus e a chuva cai sobre justos e injustos.

Preconizando o amor, em imagens simples, ao alcance de qualquer inteligência, Jesus nos oferece uma orientação segura, no sentido de pautarmos nossas ações por valores íntimos de autenticidade e discernimento, sem jamais nos deixarmos arrastar pelas circunstâncias ou por tendências inferiores, antes sempre perseverantes em dádivas, como a Natureza, para que possamos colher o melhor.

22

O Bem sem propaganda

Guardai-vos de fazer as vossas boas obras diante dos homens, para serdes vistos por eles; do contrário, recompensa não recebereis do vosso Pai que está nos Céus. Quando, pois, derdes esmolas, não mandeis tocar a trombeta à vossa frente, como fazem os hipócritas nas sinagogas e nas ruas, para serem elogiados pelos homens. Em verdade vos digo que esses já receberam a sua recompensa. Quando derdes esmola, não saiba a vossa mão esquerda o que faz a direita, a fim de que a esmola fique secreta; e vosso Pai, que vê o que se passa em segredo, vos recompensará (Mateus, 6:1 a 4).

É ponto pacífico que o móvel das ações humanas, no atual estágio evolutivo, chama-se egoísmo. As nossas iniciativas, em qualquer setor de atividade, geralmente são inspiradas no propósito fundamental de atender a nós mesmos.

No campo profissional, por exemplo, muitos escolhem sua atividade baseando-se em pesquisas no mercado de trabalho, sem motivação de ordem vocacional, sem a mais leve intenção de servir. Observam apenas as possibilidades financeiras.

Qual o melhor funcionário? Aquele que ama seu trabalho. Como amá-lo, se sua opção foi de ordem pecuniária, e não vocacional? Muitos chegam a detestar o que fazem!

Por isso, na maior parte das vezes, o funcionário dedicado é simplesmente aquele que deseja progredir na profissão, ciente de que chegar mais cedo e sair mais tarde, demonstrando interesse, é uma forma de "fazer média". Seu empenho profissional, cuidadosamente exibido, torna-se para ele um meio de atingir seus objetivos — os escalões mais altos da organização a que está vinculado.

Ante o casamento, a primeira preocupação do homem: "Ela vai cuidar bem da casa? Será boa cozinheira?" A preocupação da mulher: "Ele será carinhoso comigo? Vai entender-me?"

Sempre o interesse pessoal determinando o comportamento, fazendo as indagações, orientando as preferências...

Como não podia deixar de ser, até o Bem que praticamos costuma inspirar-se no egoísmo. Somos muito mais mercadores do que servidores. Pensamos em ser úteis, não por espírito de fraternidade, mas no propósito de recebermos recompensas, já que todas as religiões consagram o atendimento às necessidades alheias, a compreensão das misérias humanas, o socorro ao necessitado, como a base de nossa edificação interior e a porta de ingresso no Reino de Deus.

E porque o Espiritismo vai bem mais longe, ao destacar a necessidade de fazermos algo de bom pelo semelhante, não apenas para sermos bem recebidos no Além, mas, sobretudo, para que vivamos bem na Terra, movimentam-se os espíritas no campo da filantropia, edificando escolas, creches, berçários, hospitais, orfanatos...

Alguém diria que esta caridade interesseira, praticada com o propósito de ganhar o Céu, na morte, ou de merecer seus favores na vida, não tem valor nenhum. Realmente, de que vale pensar no bem dos outros, visando unicamente ao próprio bem?

No entanto, não se improvisa o servidor, e a vocação de servir começa sempre no propósito de receber. Como ainda estamos no primeiro estágio, é natural que aspiremos a recompensas pelo Bem praticado. Não apenas as celestes, mas também algo mais imediato, mais palpável, que fale mais de perto ao nosso ego — o reconhecimento alheio.

Se beneficiamos a alguém que não manifesta sua gratidão, logo o consideramos indigno de nossa ajuda e até nos irritamos. É que não lhe demos nada, apenas vendemos. Vendemos ajuda. O preço: a gratidão!

As mesmas motivações inspiram o secreto desejo de propaganda em torno do Bem praticado. Se muitas pessoas tomarem conhecimento será formidável!

Conhecendo essa fraqueza, os organizadores de campanhas beneficentes instituem "O Livro de Ouro", em que são registrados os nomes das pessoas que efetuaram doações maiores. E quanto maior o destaque que se dê ao livro, mais generosas as contribuições. Verdadeira glória para o doador é quando lhe publicam fotografia nos jornais, ressaltando-lhe a generosidade!

Pessoas assim parecem nada mais desejar senão fazer propaganda de si mesmas. Por isso, Jesus proclama que já receberam sua recompensa.

Toda ação generosa, para ser autêntica, deve ser um ato do coração. E o coração trabalha em silêncio, escondido dentro do peito.

Começamos a agir como filhos verdadeiros de Deus quando nossa dedicação ao semelhante se faça, não porque queiramos ganhar o Céu, a graça de uma cura, a solução de um problema, não porque pretendamos o apreço público, mas por sentirmos um pouco de piedade, um pouco de comiseração pelas misérias alheias.

Então, seremos capazes de dar sem que a mão esquerda tome conhecimento do que faz a direita, isto é, de forma tão espontânea que nem tenhamos consciência de que estamos sendo bons!

23

Ante a oração

E quando orares, não sereis como os hipócritas, porque gostam de orar em pé, nas sinagogas e nos cantos das praças para serem vistos dos homens. Em verdade vos digo que eles já receberam a sua recompensa. Tu, porém, quando orares, entra no teu quarto e, fechada a porta, orarás a teu Pai que está em secreto. E teu Pai, que vê em secreto, te recompensará. E, orando, não useis de vãs palavras, como os gentios, porque presumem que pelo muito falar serão ouvidos. Não vos assemelheis, pois, a eles, porque Deus, o vosso Pai, sabe o de que tendes necessidade, antes que lho peçais (Mateus, 6:5 a 8).

A oração fazia parte das rígidas disciplinas do culto judaico. Os judeus rezavam duas vezes por dia, mais ou menos às 9 e 13 horas, postados em direção a Jerusalém. Na cidade santa, voltavam-se para o templo.

Muitos faziam dessa prática um recurso de ostentação de religiosidade (é bem mais fácil aparentar contrição do que viver os princípios religiosos). Indivíduos assim chegam a enganar a si mesmos, crendo que se habilitam ao recebimento das graças divinas submetendo-se ao culto exterior, tornando tão mecânicas suas manifestações que se fazem impermeáveis à finalidade maior da religião, que é a de incentivar os fiéis à própria renovação. Jesus referia-se a eles como sepulcros caiados — brancos por fora, cheios de podridão por dentro! Uma imagem forte, mas real. Não há nada mais lamentável do que a falsa religiosidade!

Ao recomendar que busquemos nosso quarto para orar, o Mestre não está estabelecendo um posicionamento físico para a comunhão com o Céu. Afinal, há uma multidão de criaturas que não tem nem mesmo onde se trancar. O que ele pretende é que busquemos o recolhimento para, a sós, dialogarmos com Deus. Ele mesmo oferece exemplos desta natureza. Os evangelistas registram assim: "Jesus deixou os discípulos e foi orar"; "Jesus levantou-se, alta madrugada, e foi para um lugar deserto, orar"; "Jesus passou a noite orando a Deus".

No insulamento, a oração flui com maior naturalidade, sem interferências, sem preocupações com fórmulas e formas, favorecendo a comunhão legítima com a Espiritualidade.

Esse contato é um dos recursos mais preciosos de que dispõe a criatura humana para enfrentar as vicissitudes da Terra. Em tempos difíceis, quando surgem tormentosos problemas familiares ou profissionais, pensamos, não raro, em mobilizar a interferência de pessoas influentes em nosso benefício. Ansiosos, submetemo-nos ao sacrifício da espera — é gente muito importante e ocupada que nem sempre pode ou deseja receber-nos.

No entanto, pela oração nos comunicamos instantaneamente com intercessores muito mais solícitos e poderosos, em inesgotáveis fontes espirituais de socorro, sem apadrinhamento, sem protocolo, sem que se pergunte se somos ricos ou pobres, bem situados na sociedade ou humildes serviçais.

Nesses instantes, orienta Jesus, não nos preocupemos em falar muito, como se as respostas estivessem condicionadas à prolixidade, ou fôssemos hábeis advogados empenhados em convencer o Céu a ajudar-nos.

Isso não é fácil, porquanto estamos milenarmente viciados no petitório. Vemos na oração muito mais um gabinete de solicitações do que um exercício do coração. Pedimos saúde, solução para problemas, ajuda para os familiares, afastamento da dor... Há quem peça casamento, palpite certo na loteria, emprego, fortuna, poder!...

Evidentemente, não estamos impedidos de pedir. Qual o pai que proibiria o filho de fazê-lo? Todavia, não se sentiria feliz se fosse, invariavelmente, um quebra-galho, alguém procurado sempre, mas apenas porque sempre há algo a pedir.

O petitório desvirtua a oração, deslocando-a do solo sagrado das cogitações superiores para situá-la no deserto dos interesses imediatistas.

Há a velha experiência atribuída a um escravo africano no Brasil, sofrido ancião que, não obstante as vicissitudes do cativeiro, revelava profunda serenidade e inesgotável otimismo.

Ele levantava-se, diariamente, pela madrugada e se dirigia à gleba de terra sob seus cuidados. Antes de iniciar o serviço tirava o chapéu, encostava-o junto ao peito, erguia o olhar para a Céu e dizia:

"Sinhô! Preto velho está aqui".

Esta era sua oração. Apenas algumas palavras, sem relatório de privações e mágoas, sem reivindicações...

Intuitivamente, sabia que o Criador, melhor do que ele mesmo, conhecia suas necessidades. Por isso o procurava apenas como o filho que não quer iniciar o dia sem pedir a bênção de seu pai, entregando-se, confiante, aos seus cuidados.

Semelhante atitude garantia-lhe o acesso às fontes da Vida, sustentando-lhe o equilíbrio e a paz, ainda que privado da liberdade.

24

Como orar

Portanto, vós orareis assim: Pai Nosso, que estás nos Céus, santificado seja o teu nome; venha o teu Reino, faça-se a tua Vontade, assim na Terra como no Céu. O pão nosso de cada dia dá-nos hoje e perdoa-nos as nossas dívidas, assim como perdoamos aos nossos devedores. Não nos deixes cair em tentação, mas livra-nos de todo Mal [...] Amém (Mateus, 6:9 a 13).

A oração, em essência, expressa sentimentos. As palavras ajudam a exprimi-los, mas podem também esvaziá-los, se repetidas muitas vezes. Desaconselhável, pois, o uso habitual de fórmulas verbais, que transformam a oração em reza — ideias penduradas no cérebro, que se extravasam pela boca, sem interferência do coração.

Geralmente a reza assume características mágicas. O "Pai-Nosso", repetido algumas dezenas de vezes, seria capaz de purificar o Espírito, invocar a proteção dos anjos, resolver um problema. Usam-na, pessoas ingênuas, como uma fórmula cabalística, pronunciada mecanicamente, pensamento longe, pressa em chegar ao fim. Orações assim não ultrapassam o teto da superficialidade — há muitas palavras e uma intenção, mas nenhum sentimento.

Às vezes, o crente formula promessas: "Se Deus atender a minhas rogativas, rezarei duzentas vezes o "Pai-Nosso", por intenção das almas sofredoras!". Isto é mais lamentável ainda, porquanto se trata de um negócio que propomos a Deus, e desonesto, pois o que se está oferecendo em troca de benefícios importantes não significa nada, em virtude das limitações impostas pela reza.

O "Pai-Nosso" não deve ser tomado à conta de mera fórmula verbal, cujo poder esteja na quantidade de vezes que venha a ser pronunciado. É preciso recordar que, ao apresentar a oração dominical, Jesus propunha-se a mostrar aos discípulos como orar. Nele, portanto, temos o roteiro de nossa atitude na oração, dos sentimentos que devemos mobilizar, a fim de que alcancemos a comunhão com a Espiritualidade maior.

Começa Jesus dizendo: "Pai Nosso, que estás nos Céus".

Para Moisés, Deus era o Senhor dos exércitos, soberano despótico, terrível, que se vingava até a quarta geração daqueles que o ofendiam. Jesus no-lo apresenta como o Pai Celestial, que devemos evocar com a mesma confiança de quando, nos verdes anos, buscávamos a proteção paterna.

"Santificado seja o teu nome".

O nome de Deus é sagrado. A oração, por isso, não pode ser vulgarizada. Ainda que oremos várias vezes ao dia, é preciso fazê-lo sempre com muito respeito, mobilizando o que há de melhor em nós.

"Venha a nós o teu Reino".

Jesus ensinava que o Reino de Deus é uma realização íntima da criatura humana, representando a integração de nossa alma nos propósitos da Criação. Começamos a construí-lo quando nos empolgamos pelo ideal de servir. Trabalhando pela sua edificação na Terra, com a prática do Bem, que nos eleva da inércia para a condição de colaboradores do Céu, acabaremos por encontrá-lo em nosso próprio coração.

"Seja feita a tua vontade, assim na Terra como no Céu".

Observando esta orientação, jamais seremos atingidos pelo desespero, pela revolta, pelo desânimo. Aceitando a vida e seus eventos, como um conjunto de experiências necessárias à nossa edificação, estaremos habilitados a fazer o melhor, conservando a paz e valorizando as experiências humanas.

"O pão nosso de cada dia dá-nos hoje".

De Deus devemos esperar nosso sustento sempre, conscientes, entretanto, de que, se o Senhor nos dá o trigo, compete-nos o esforço de fazer o pão. Ele nos oferece os patrimônios da Vida, mas o esforço de viver é nosso.

"Perdoa as nossas dívidas, assim como perdoamos aos nossos devedores".

Ninguém está isento de erros... Há tanto Mal de que devemos pedir perdão a Deus!... Por isso é preciso perdoar.

Afinal, os que nos ofendem também são seus filhos. Como merecer o perdão de nosso Pai, sem perdoar aos nossos irmãos? Como amá-lo, odiando seus filhos?

"Não nos deixes cair em tentação, mas livra-nos de todo Mal".

Proteção jamais nos faltará, ante as arremetidas das sombras, desde que guardemos a disposição de fazer o melhor, conscientes de que somos tentados, não por circunstâncias exteriores, mas pelo Mal que existe em nosso próprio coração.

E Jesus termina dizendo simplesmente: "Assim seja". Assim deve ser. Os princípios básicos apresentados na oração dominical constituem o roteiro de nossa comunhão com Deus, conscientes de que na luta pela conquista da felicidade e da alegria, da paz e da afetividade, se fizermos um pouco, Deus fará o resto.

25
Condição reafirmada

Se perdoardes, pois, aos homens, as suas faltas, também o Pai Celestial vos perdoará. Se, porém, não perdoardes aos homens, tampouco vosso Pai perdoará as vossas faltas (Mateus, 6:14 e 15).

Pronunciada logo após a oração dominical, esta afirmativa representa uma vigorosa reafirmação do "perdoa as nossas dívidas assim como perdoamos aos nossos devedores", como se Jesus estivesse demonstrando que o mais importante na oração é que tenhamos o coração totalmente isento de mágoas.

Esse empenho em relação ao perdão está presente em outras passagens evangélicas. É inesquecível o ensinamento transmitido a Simão Pedro: "Senhor, até quantas vezes devo perdoar ao próximo quando ele pecar contra mim? Até sete vezes?" (*Mateus*, 18:21).

Para o ardoroso discípulo pareceria razoável esse número, uma verdadeira demonstração de boa vontade.

Jesus vai bem mais longe: "Não apenas sete vezes, mas setenta vezes sete" (*Mateus*, 18:22).

Total: 490, número altamente expressivo com o qual fica evidenciado que devemos perdoar *sempre*.

Ainda no Sermão da Montanha, o Mestre deixa bem claro que a reconciliação com os adversários é a iniciativa primeira, quando pretendemos um culto religioso autêntico.

E Jesus, que demonstrou a suprema virtude de exemplificar o que ensinava, que jamais indicou um caminho sem estar disposto, Ele próprio, a segui-lo, legou-nos o supremo exemplo de perdão na cruz, quando, diante da multidão ingrata e má, agressiva e irreverente, dirige-se a Deus: "Pai, perdoa-lhes, não sabem o que fazem" (*Lucas*, 23:34).

Fácil compreender essa insistência do Mestre. Jesus veio instituir os fundamentos do Reino de Deus, preparando a Humanidade para uma era de paz e concórdia. Todavia, é impossível alcançar-se essas conquistas sem exercitar a indulgência, relevando o comportamento alheio.

Observemos os problemas de convivência, geradores dos mais variados atritos entre as pessoas, e verificaremos que se o começo de tudo foi algo suposta ou realmente errado feito por alguém, a consumação do desentendimento deu-se porque a parte lesada solenizou o assunto, assumindo ares de vítima ou gestos de represália.

Porque a falta do cônjuge não foi perdoada, rompe-se o casamento...

Porque o chefe demasiado exigente foi contestado com irritação, perde o funcionário o emprego que lhe dava sustento...

Porque o amigo falhou em relação ao que dele era esperado, rompe-se velha amizade...

Pior que o estremecimento de relações são os prejuízos decorrentes. Quando não perdoamos, cultivando a volúpia da mágoa, abrimos as portas de nosso mundo íntimo às sombras, sintonizando com os mais baixos padrões de vida mental. Fácil constatar que nossos piores problemas espirituais, quando nos sentimos irritados, perturbados e infelizes, surgem após as explosões de cólera ou o cultivo de rancores, na lavoura da incompreensão, quando não relevamos aqueles que voluntária ou involuntariamente nos tenham ofendido.

É preciso perdoar, pois, em nosso próprio benefício. Para tanto, somos chamados ao exercício da compreensão, vendo, nos semelhantes, filhos de Deus agindo segundo sua faixa de entendimento, seu grau de evolução. Não podemos colher goiabas numa laranjeira. Pretender que as pessoas amoldem-se aos nossos desejos é um gesto de violência. Nem Deus age assim. O Senhor Supremo do Universo, que poderia impor sua vontade, prefere esperar pelo concurso dos séculos na renovação de seus filhos.

A autoanálise também é importante. Se a exercitarmos com honestidade, verificaremos que valorizamos demais a nós mesmos. Consciente ou inconscientemente, estamos sempre procurando os primeiros lugares, exigindo respeito e atenção. Por isso somos muito melindrosos, facilmente nos ofendemos. Aborrecemo-nos até porque alguém passou por nós e não nos cumprimentou. Não cuidamos de saber se nos viu; se não estaria distraído. Concluímos apenas que o "criminoso" não nos cumprimentou.

Certa vez Gandhi foi entrevistado por um jornalista que lhe perguntou se já havia perdoado a seus inimigos.

— Nunca perdoei a ninguém!

— Mas como, o senhor, um homem santo, líder espiritual do povo hindu, nunca perdoou?

E Gandhi, sorrindo, respondeu:

— Nunca houve o que perdoar. Não me recordo de ter sido ofendido por alguém.

Nem mesmo o fanático que o abateu covardemente a tiros, num crime hediondo, conseguiu ofendê-lo. Gandhi morreu pedindo complacência para seu algoz.

Homens assim situam-se na vanguarda da Humanidade. Temos neles os gloriosos construtores de um mundo melhor, ensinando sempre que sem o cultivo da brandura e da compreensão, da tolerância e da boa vontade para com o próximo, jamais nos libertaremos da animalidade grosseira que nos prende à Terra, impedindo-nos de alcançar a comunhão com o Céu.

23

Jejum

Quando jejuardes, não tomeis um ar triste como os hipócritas, que desfiguram o semblante para que os homens vejam que eles estão jejuando. Em verdade vos digo que já receberam a sua recompensa. Vós, porém, quando jejuardes, ungi a cabeça e lavai o rosto, a fim de não mostrardes aos homens que estais jejuando, mas somente ao vosso Pai, que está em secreto; e vosso Pai, que vê em oculto, vos recompensará (Mateus, 6:16 a 18).

O décimo dia, do sétimo mês, era dos mais importantes, no calendário religioso judeu. Era o dia nacional de expiação dos pecados do povo, quando, em cerimonial com sacrifício de animais, os sacerdotes libertavam as comunidades de seus pecados.

O povo era levado a participar com abstinência completa de trabalho e alimentação. O jejum se apresentava como empenho de mortificação do corpo para depuração da alma. E Moisés, que instituiu a prática, revestiu-a de autoridade divina, proclamando que Jeová castigaria aqueles que não a observassem.

Outros dias foram consagrados ao jejum, que era também usado nos tempos de calamidade pública, de grandes dificuldades para o povo, considerando-se que com semelhante sacrifício Jeová atenderia aos reclamos populares.

Como acontece com todo culto exterior, em breve o jejum deixou de servir à religião para servir ao religioso. Os judeus submetiam-se ao jejum, não por empenho de purificação, mas apenas para mostrar que observavam com rigor os preceitos divinos.

Os fariseus, por exemplo, jejuavam duas vezes por semana. Nesses dias, para evidenciarem que isto representava sacrifício para eles, apresentavam as vestes mal-arrumadas, barba e cabelos em desalinho, expressão torturada... É provável que nem mesmo estivessem jejuando, já que o importante era a aparência.

Jesus combate esse comportamento, recomendando que o jejuante se mantenha sereno, dentro da normalidade, em sua apresentação pessoal, buscando não a apreciação dos homens, mas a aprovação de Deus. Se a finalidade do jejum é a purificação, ensejando a comunhão com o Céu, trata-se de um assunto muito íntimo, entre o servo e o Senhor, entre a criatura e o Criador. A propaganda em torno do jejum seria mera manifestação de vaidade, invalidando totalmente seus objetivos.

Jesus nunca deu importância às práticas exteriores. Não o vemos promovendo cerimônias, nem rezas. Suas reuniões, com os seguidores, eram totalmente despidas de formalismos. E Ele falava com simplicidade, sem fórmulas verbais, sem voos de erudição, de preferência em contato com a Natureza, sempre pronto a responder a perguntas, fazendo do diálogo com o povo a base de seus inesquecíveis ensinamentos.

Por isso não jejuava, nem Ele nem seus discípulos. E àqueles que o acusavam de desrespeitar o culto judeu, respondia citando o profeta Oseias: "Misericórdia quero e não sacrifício" (*Oseias*, 6:6). Para a comunhão com o Céu é muito mais importante praticar o Bem do que mortificar o corpo.

Pode-se considerar benéfico o jejum sob o ponto de vista fisiológico. Algumas horas sem alimentos ou mesmo um dia, para as pessoas habituadas a essa prática, favorecem a desintoxicação orgânica. Mas, espiritualmente, o jejum que realmente funciona é o da abstinência de maus pensamentos, de sentimentos inferiores, venenos sutis que desajustam nossa alma, candidatando-nos à perturbação.

Jesus refere-se ao jejum, período de privações e até de dores para aquele que o pratica, como base para nos advertir de que devemos conservar a dignidade e o silêncio em relação aos próprios sofrimentos.

Há uma arraigada tendência em nossos espíritos, no sentido de fazermos propaganda de nossos males, porquanto, consciente ou inconscientemente, gostamos de nos sentir vítimas das circunstâncias, do destino, do semelhante...

Minha doença é muito grave!

Meus familiares são maus!

Meus amigos não me entendem!

Ah! Como é grande a perda que sofri!

É gratificante para nós que todos saibam que estamos sofrendo, como se isso nos situasse na condição de heróis.

Todavia, esse heroísmo lamuriante cheira muito mais a fraqueza, a volúpia da mágoa. Aqueles que assim se comprazem precisam considerar que acabam por provocar reações diametralmente opostas às pretendidas, em amigos e familiares, afastando-os, porquanto nada mais terrível do que a convivência com pessoas sofredoras por vocação, que elegeram a condição de eternas vítimas!

Nos períodos de jejum — quando sofremos a privação da saúde, da afetividade, da fortuna — é preciso seguir a recomendação de Jesus: erguer a cabeça, mantendo expressão serena, calando a própria dor, confiantes em Deus. E Ele, que tudo vê, encontrará em nós a posição ideal para que nos possa ajudar.

27

Tesouros

Não acumuleis para vós outros tesouros sobre a Terra, onde a traça e a ferrugem corroem e onde ladrões escavam e roubam. Mas ajuntai para vós outros tesouros no Céu, onde nem a traça nem a ferrugem corroem, e onde ladrões não escavam nem roubam. Porque onde estiver o teu tesouro, aí estará também o teu coração (Mateus, 6:19 a 21).

Tesouros da Terra: bens materiais, riquezas, prestígio, posição social, poder...

Tesouros do Céu: virtude, conhecimento, sabedoria...

Os primeiros são efêmeros. Ninguém os deterá por um segundo sequer, além da existência física.

Os segundos são eternos, inalienáveis. Constituem nosso patrimônio espiritual, com validade em todo o Universo, em qualquer dimensão, física ou extrafísica.

A diferença entre ambos e o que eles representam pode ser definida no processo de sua aquisição.

O da aquisição de riquezas da Terra é, geralmente, marcado pela ambição desmedida, pela volúpia da posse. Porque anseia deter vastos patrimônios, o indivíduo se multiplica em atividades e negócios. Mas a ambição desenfreada é sempre má conselheira, terminando por levá-lo a empregar sutilezas, desonestidades e explorações, sempre com o propósito de tirar o máximo proveito de seus investimentos, levando a melhor nas disputas.

Empolgado, quanto mais o indivíduo possui, mais deseja possuir, até chegar ao ponto em que os bens materiais deixam de constituir um meio para se transformar em finalidade da existência. Invertem-se as posições: senhor, ele se transforma em escravo de seus haveres. Por isso os homens de negócio são extremamente tensos, nervosos, comumente insatisfeitos. Constroem impérios, mas raramente alcançam o essencial — a paz em seus corações.

A aquisição das riquezas espirituais é um processo diferente, marcado não pela ambição, mas pela conscientização da criatura humana em relação às suas responsabilidades diante da vida e por um despertamento para sua condição de filho perfectível de Deus, chamado ao exercício da razão e à sublimação do sentimento.

Inegavelmente a riqueza espiritual é bem mais difícil de ser adquirida, porquanto exige que violentemos as tendências do homem "velho", o homem primitivo que mora em nós, bem mais próximo dos impulsos da animalidade do que da angelitude.

Exemplo típico dessa dificuldade temos no exercício da caridade, caminho das realizações mais nobres da criatura humana, alicerce fundamental dos bens espirituais. Não obstante os renovados estímulos colhidos na orientação religiosa e nos apelos da Espiritualidade que chegam até nós pela intuição, há entraves arraigados que nos inibem, como a preguiça, a indolência, o descaso, a má vontade:

"Colaborar no culto religioso, à noite, não posso. É horário de minha novela..."

"Visitar enfermos no hospital, aos domingos, nem pensar! Afinal, é meu dia de descanso..."

"Socorrer o necessitado na rua... sinto muito, mas estou com muita pressa..."

"Participar do serviço na entidade socorrista? Difícil, ando assoberbado, não tenho tempo..."

Aliás, o tempo ou a falta dele é o motivo mais frequente que usamos para justificar nossa omissão, sem considerar que se trata de uma questão de preferência. *Sempre* encontramos tempo para fazer o que realmente desejamos.

Justamente porque os interesses pessoais caracterizam as cogitações maiores da criatura humana, é que Jesus proclamou, certa vez: "Quem quiser salvar a sua vida, perdê-la-á. E quem perder a vida por minha causa, achá-la-á" (*Mateus*, 16:25).

Há uma inversão de valores em relação aos propósitos da vida. Quando o indivíduo se preocupa em ajudar o semelhante, deixando o marasmo que caracteriza o comportamento humano em relação a esse esforço, e começa a usar suas horas vazias — de folga ou lazer — no desenvolvimento de atividades em instituições filantrópicas e religiosas, de cunho edificante, familiares e amigos, surpresos com tal empenho, admoestarão:

"Que tolice é essa? Há tanto que se fazer de divertido e repousante: passeios, festas, esportes, televisão, cinema, e você fica perdendo tempo com rezas e serviços! A vida passa breve! É preciso aproveitar!".

Cegos, não perceberam que o companheiro começou a enxergar, vislumbrando luzes e bênçãos que não podem sequer imaginar. Os que assim "perdem tempo", em verdade o estão valorizando, porquanto, sob o ponto de vista espiritual, só tem valor o Bem que praticamos, o esforço por superar tendências ao acomodamento, para algo realizar em benefício do semelhante.

A propósito, há a história do homem que foi chamado ao tribunal a fim de responder a um processo. Preocupado, procurou um amigo e expôs-lhe seu problema, pedindo-lhe que o acompanhasse. O amigo recusou-se:

"Desculpe, mas não gosto de tribunais. Além disso, esse juiz é muito severo. Eu não me daria bem com ele".

Um segundo amigo foi convocado:

"Olhe, meu caro, posso acompanhá-lo até a porta do tribunal, mas não entro. Eu nada poderia fazer por você".

Um tanto desanimado, procurou um terceiro amigo. Este lhe disse, categórico:

"Tudo bem! Não se preocupe! Eu vou com você! Serei seu advogado, farei valer seus direitos. Deixarei bem claro que você é um homem de bem!".

Todos seremos chamados, um dia, a esse tribunal que é a morte. O juiz: a consciência. O processo: a avaliação de nossa condição no Plano Espiritual, com a aferição do que fizemos de nossa vida.

O primeiro amigo são os bens materiais. Valem muito na Terra, mas não significam nada no Além.

O segundo representa os familiares. Preocupam-se conosco, mas não seguem juntos.

O terceiro representa as boas ações. Estas vão conosco e falam bem alto quando se trata de definir nossa vida futura, garantindo-nos um futuro promissor.

Justo, portanto, que perguntemos, todos os dias, a nós mesmos:

"Onde está o nosso coração? Quais os interesses que caracterizam nossa existência? São da Terra ou do Céu? Dizem respeito a esta vida efêmera ou à Eternidade?".

É preciso colocar o coração no lugar certo, à procura do tesouro real, ou somente colheremos tensões e desajustes na Terra; desilusões e angústias no Plano Espiritual.

28
Maneira de vestir

São teus olhos a lâmpada do corpo. Se os teus olhos forem bons, todo o teu corpo será luminoso; se, porém, os teus olhos forem maus, todo o teu corpo estará em trevas. Portanto, caso a luz que há em ti sejam trevas, que grandes trevas serão! (Mateus, 6:22 e 23).

O mais importante de todos os sentidos físicos é o da visão. Basta fechar os olhos para constatar isso. A existência sem luz é provação angustiante.

No uso dessa faculdade abençoada, cada pessoa interpreta a imagem colhida pelos órgãos visuais segundo seus padrões de entendimento, cultura e interesse. Por isso, não vemos todos do mesmo modo.

Para o homem comum, a minhoca é verme repelente; para o biólogo é uma das maravilhas da Natureza, renovador indispensável do solo.

Para a pessoa impressionável, o cadáver em formol é algo tétrico, que inspira pavor e mal-estar; para o estudante de Medicina, trata-se de inestimável instrumento de estudo que lhe permitirá conhecer a estrutura do corpo humano.

Para o homem da cidade, estrume é sujeira repugnante; para o homem do campo, é dádiva do Céu, que garante o sucesso da plantação.

Para o viciado no sexo, a jovem diante do ponto de ônibus é alguém à espera de um "programa"; para o homem normal, ela será apenas a moça que espera a condução.

O indivíduo de caráter fraco encontra uma bolsa recheada de dinheiro. Seu primeiro pensamento: "Como irei gastá-lo?" Em idêntica circunstância, pensa o homem de bem: "Como encontrar o dono?".

Alexandre Herculano, escritor português, encarna a visão negativa do semelhante: "Quanto mais conheço os homens, mais estimo os animais". Will Rogers, humorista americano, encarna a visão positiva: "Nunca encontrei alguém de quem não gostasse".

Para o materialista, a morte é o mergulho no nada; para o espiritualista, trata-se de simples passagem para um mundo melhor.

O ateu verá nas misérias da Terra a negação de Deus; o religioso reconhecerá nelas o caminho para o Criador.

O pessimista incorrigível sempre encontrará algo de que se lamentar. Se lhe derem rosas, deter-se-á nos espinhos; o otimista sempre encontrará um modo de melhorar as coisas. Se o destino lhe der um limão, não tardará em providenciar uma limonada.

Quando Jesus diz que da maneira como usarmos os olhos vai depender o fato de nosso corpo estar em luz ou trevas, não está apresentando uma simples imagem poética, mas reportando-se a uma realidade confirmada pela Doutrina Espírita e constatada pela própria Ciência.

Há correntes magnéticas que circulam pelo nosso organismo, obedecendo ao comando da mente. A natureza desse magnetismo está essencialmente subordinada à estrutura de nossa personalidade — o que somos, o que pensamos, o que almejamos.

Diante de pessoas em desajuste, os médiuns videntes observam nuvens escuras, densas, pesadas a envolvê-las. São aquelas criaturas negativas, míopes espirituais que enxergam tudo errado, envenenando-se com o magnetismo deletério que acumulam em si mesmas.

O homem justo, íntegro, espiritualizado, pleno de equilíbrio e serenidade, lhes oferece a visão inesquecível de uma atmosfera luminosa, suave, reconfortante. É que pessoas assim, habituadas a observarem os aspectos positivos da existência, empolgadas por propósitos de aprendizado e renovação, vestem-se de luz.

29
O desafio da prosperidade

*Ninguém pode servir a dois senhores, porque ou
aborrecerá a um e amará o outro; ou se unirá
a um e desprezará o outro. Não podeis servir
a Deus e às riquezas* (Mateus, 6:24).

Aparentemente, Jesus tinha horror à riqueza e perene má vontade com os ricos. Na famosa passagem do moço rico, ele chega a proclamar que é mais fácil um camelo passar pelo fundo de uma agulha do que um rico entrar no Reino dos Céus.

Mas será a riqueza mal assim tão grande? Será que todo rico tem lugar reservado no Umbral?

Em O *evangelho segundo o espiritismo*, Allan Kardec comenta que semelhante ideia repugna à razão, porquanto admiti-la seria aceitar que Deus colocou no mundo fatal instrumento de perdição. E acrescenta: "Se a riqueza não é a causa imediata de progresso moral é, sem contestação, um poderoso instrumento de progresso intelectual. E a inteligência, que o homem a princípio concentra na satisfação de suas necessidades materiais, o ajudará, mais tarde, a compreender as grandes verdades morais. Sem a riqueza, portanto, não haveria grandes trabalhos, nem atividades, nem estímulo, nem pesquisas. Com razão, portanto, deve ser considerada como instrumento de progresso".

A letra mata, o Espírito vivifica — comenta o Apóstolo Paulo, na *Segunda epístola aos coríntios*. Na abordagem do Evangelho, devemos levar em consideração a essência, o simbolismo contido nos ensinamentos de Jesus, a fim de que não nos percamos na literalidade do texto.

Ao proclamar que não se pode servir a Deus e às riquezas, o Mestre reporta-se ao problema do apego. É bem próprio das tendências humanas que o indivíduo, quanto mais ganhe, mais deseje ganhar. E, quanto mais se empolga pelas riquezas, menos sensível se faz às misérias alheias. Então, complica-se, porque, em vez de servir-se da riqueza para aproximar-se de Deus, afasta-se de Deus por servir à riqueza.

Há, na atualidade brasileira, um desafio que muita gente está enfrentando — o desafio da prosperidade.

Sendo o progresso material uma das características marcantes do Brasil de hoje, a caminho do Brasil potência de amanhã, para realização de seu glorioso destino de Pátria do Evangelho, é natural que nos sintamos empolgados ante as promissoras perspectivas de um padrão de vida mais elevado. Somos impelidos ao aprimoramento profissional e intelectual, a fim de atendermos às exigências de especialização e iniciativa que marcam hoje o competitivo mercado de trabalho, na dinâmica do desenvolvimento. E, na proporção em que nos preparamos convenientemente, encontraremos cada vez maior número de portas a se abrirem, acenando-nos com possibilidades mais amplas de melhoria econômica e social.

O desafio da prosperidade é este: sermos capazes de conter nossos impulsos imediatistas; sermos capazes de não ir longe demais por esses caminhos, multiplicando tantos interesses comerciais, profissionais e sociais, que simplesmente não tenhamos tempo para cultivar o ideal — luz divina que dá significado e objetivo à existência —, especialmente aquele que é o maior de todos: o ideal de servir, alicerce sublime das realizações mais nobres do espírito humano.

Quando o empenho profissional ultrapassa os limites da subsistência digna e do conforto razoável, para converter-se na volúpia de acumular bens materiais...

Quando o automóvel e a casa própria ultrapassam as finalidades de locomoção e abrigo, transformando-se em instrumentos de autoafirmação, num regime de disputa pelo carro mais caro ou a residência mais luxuosa...

Quando fazemos do lazer uma rotina indispensável e nos habituamos a ver nas horas vazias, passadas em praias, viagens turísticas ou estações balneárias, a melhor maneira de recompor energias ou espairecer...

Quando fazemos tanto no campo material, que simplesmente não temos tempo para cogitar do que não devemos fazer no campo moral...

Quando nos empolgamos tanto pela prosperidade efêmera da Terra, que esquecemos o essencial — o aprimoramento de nossa alma —, então entramos em ritmo de marca-passo espiritual, adiando indefinidamente as realizações mais nobres, para engrossarmos fileiras de multidões que, inspiradas em tendências inferiores milenarmente alimentadas e em fraquezas nunca combatidas, fazem da Terra um planeta de expiação e provas.

Somente venceremos tal desafio se estivermos dispostos a trabalhar para que os interesses de Deus prosperem conosco, cultivando desprendimento e desejo de servir. Com semelhante empenho é quase certo que jamais amontoaremos grandes patrimônios materiais, mas viveremos decididamente mais felizes e equilibrados, servindo-nos da riqueza sem nos colocarmos a serviço dela.

30
À distância do Reino

Por isso vos digo: não andeis cuidadosos da vossa vida, pelo que haveis de comer ou beber, nem do vosso corpo, pelo que haveis de vestir. Não é a vida mais do que o alimento e o corpo mais que a roupa? Olhai as aves do céu, que não semeiam nem ceifam nem ajuntam em celeiros e, entretanto, vosso Pai Celestial as alimenta. Porventura, não valeis vós muito mais que elas? Qual de vós, por mais preocupado que esteja, pode acrescentar um côvado ao curso da sua vida? E com as vestes, por que vos inquietais? Considerai como crescem os lírios do campo: eles não trabalham nem fiam. Contudo, vos afirmo que nem Salomão, em toda a sua glória, se vestiu como um deles. Ora, se Deus veste assim a erva do campo, que hoje existe e amanhã será lançada ao forno, quanto mais a vós, homens de pouca fé? Portanto, não vos inquieteis, dizendo: "Que comeremos? Que beberemos? Com que nos vestiremos?" Os gentios é que procuram todas estas coisas, pois vosso Pai Celestial sabe que precisais de todas elas. Buscai, pois, em primeiro lugar, o Reino de Deus e a sua justiça, e todas essas coisas vos serão acrescentadas.

*Portanto, não vos preocupeis com o dia de amanhã,
pois o amanhã trará os seus cuidados; bastam a cada
dia os seus próprios males* (Mateus, 6:25 a 34).

Um dos grandes males que afligem a Humanidade chama-se insegurança, motivada por temores nem sempre bem definidos, relacionados com as realizações individuais no campo estudantil, profissional, sentimental, social, familiar e, até mesmo, em relação à própria subsistência.

Há insegurança do aluno, no momento de escolher uma profissão; do formando que inicia sua carreira; do coração solitário que busca uma alma de eleição; do doente ansioso pela cura; do chefe de família que vê crescer o agrupamento doméstico e com ele as exigências econômicas.

Perturbações e desajustes variados têm aí sua origem, apresentando características e intensidade compatíveis com as tendências de cada indivíduo e seu grau de maturidade emocional. Os exemplos seriam intermináveis. Alguns deles:

O sovina, que acumula bens materiais muito além de suas necessidades...

O neurótico, incapaz de uma ligação sentimental ajustada...

O trabalhador que se desgasta perigosamente, pendurado em vários empregos...

A supermãe que sufoca os filhos com cuidados excessivos...

O hipocondríaco, frequentador assíduo de consultórios médicos...

O adolescente que, procurando autoafirmar-se, se compromete no vício ou na rebeldia...

A origem da insegurança está no fato de superestimarmos nossas necessidades essenciais. Pensamos demasiado em nós mesmos e vivemos tão angustiados, tão tensos, tão preocupados com pequenos problemas, a fermentarem em nossa mente por lhes darmos excessiva atenção, que não temos tempo para *parar e pensar*: em Deus, que alimenta à saciedade a ave humilde e veste de beleza incomparável a erva do campo, está o nosso apoio decisivo, nossa bênção mais autêntica, nosso futuro mais promissor, nossa felicidade verdadeira.

Poder-se-ia argumentar: se tudo esperarmos do Criador, estaremos condenados à indolência, causa geratriz de problemas mais sérios que a própria insegurança. Trata-se de um engano. O que Jesus pretende é que não guardemos temores em nosso coração, vendo em Deus a nossa previdência, o nosso apoio, a fim de que vivamos em paz.

Ao recomendar que busquemos, acima de tudo, o Reino de Deus, onde todos os nossos anseios serão realizados, estava longe de convidar-nos à inércia. Sendo o Reino um estado de consciência, uma espécie de limpar e pôr em ordem a casa mental, é evidente que não se trata de tarefa para o indolente, porquanto exige férrea disciplina interior, ingente trabalho de autorrenovação, exaustiva luta contra nossas tendências inferiores.

Sem esse empenho, fatalmente estaremos afastados do Criador, o que torna a existência complicada e triste, marcada, inevitavelmente, pela insegurança. Usando o Evangelho por medida, poderemos definir onde nos situamos. Ao proclamar "Eu sou o caminho, a Verdade e a Vida; ninguém vai ao Pai senão por mim" (*João*, 14:6), Jesus deixou bem claro que longe de seus ensinos nunca estaremos perto de Deus.

Para viver a mensagem evangélica é preciso aproveitar a bênção do tempo, valorizando as oportunidades que chegam. A cada dia, explica o Mestre, bastam seus males. Quem se preocupa muito com o futuro, compromete o presente. Hoje é a nossa oportunidade mais autêntica de aprender e trabalhar, servir e edificar.

Para tanto é preciso cultivar a percepção, o esforço por compreender a realidade que nos cerca e nossa posição dentro dela. Aldous Huxley aborda este tema no livro *A ilha*, onde imagina uma comunidade educada para viver intensamente experiências no campo da percepção, dentro de determinados padrões instituídos.

Além de outros recursos pedagógicos e psicológicos, utilizados como permanente apelo ao treino da percepção, havia um muito interessante, em que eram utilizados mainás, pássaros que imitam com perfeição a voz humana. Eram treinados para repetir uma frase e, em bandos, voejando ou empoleirados nas árvores, repetiam, com vibrante entonação, o apelo permanente:

"Aqui e agora! Aqui e agora! Aqui e agora!".

Mas não é preciso a presença física de um mainá. Cada situação encerra em si mesma um apelo. Desenvolver a percepção é aprender a sentir os apelos que a vida nos faz...

Diante do necessitado — ajudar...

Diante do aflito — confortar...

Diante do ignorante — ensinar...

Diante do descrente — esclarecer...

Diante do agressor — perdoar...

Diante do inconsequente — compreender...

Diante da dificuldade — persistir...

Diante da tentação — orar...

Diante da enfermidade — confiar...

"Quem tem ouvidos para ouvir, ouça" (*Mateus*, 11:15) — dizia Jesus.

Os que não atendem aos apelos da vida estão sempre à margem dela. Ainda que acumulem tesouros imensos ou detenham grandes poderes; ainda que desenvolvam os mais altos valores da cultura e do conhecimento, tudo isso de nada lhes valerá, porquanto jamais preencherão, em si mesmos, nos domínios do coração, o angustiante *vazio de Deus*.

31

Autofagia

Não julgueis, para que não sejais julgados; porque, com o juízo com que julgardes, sereis julgados; e a medida de que usardes, dessa usarão convosco, e ainda se vos acrescentará. Por que vedes o argueiro no olho de vosso irmão e não enxergais a trave que tendes no vosso? Ou como podereis dizer ao vosso irmão: "Deixa-me tirar um argueiro do vosso olho" —, quando tendes no vosso uma trave? Hipócritas! tirai primeiro a trave dos vossos olhos, e então vereis claramente para tirardes o argueiro do olho de vosso irmão (Mateus, 7:1 a 5).

Maledicência é o ato de falar mal das pessoas. Definição bem amena para um dos maiores flagelos da Humanidade.

É mais terrível que uma agressão física. Muito mais que o corpo, fere a dignidade humana, conspurca reputações, destrói existências.

Mais insidiosa do que uma epidemia, na forma de boato — o "ouvi dizer" — alastra-se como rastilho de pólvora. Mera visão pirotécnica em princípio: "Ele paga suas contas com atraso" ou "Ela sai muito de casa". Depois, explosiva: "Ele é um ladrão!" ou "Ela está traindo o marido!".

Arma perigosa, está ao alcance de qualquer pessoa, em qualquer idade, e é muito fácil usá-la: basta ter um pouco de maldade no coração.

Tribunal corrupto, nele o réu está, invariavelmente, ausente. É acusado, julgado e condenado, sem direito de defesa, sem contestação, sem misericórdia.

Tão devastadora e, no entanto, não implica nenhum compromisso para quem a emprega. Jamais encontraremos o autor de um boato maldoso, de uma "fofoca" comprometedora. O maledicente sempre "vende" o que "comprou".

Ninguém está livre dela, nem mesmo os que se destacam na vida social pela sua capacidade de realização, no setor de suas atividades. Estes, ao contrário, são os mais visados. Nada mais gratificante para o maledicente do que mostrar que "fulano não é tão bom como se pensa".

Não há agrupamento humano livre da maledicência. Está presente mesmo onde jamais deveria haver lugar para ela: em instituições inspiradas em ideais religiosos de serviço no campo do Bem. Quando se manifesta nessas comunidades, infiltrando-se pela invigilância de companheiros desavisados, que se fazem agentes do Mal, é algo profundamente lamentável, provocando o afastamento de muitos servidores dedicados e aniquilando as mais promissoras esperanças de realização espiritual.

Nem mesmo o Cristo, inspiração suprema desses ideais, esteve livre dela. Exemplo típico de seu poder infernal foi o comportamento da multidão, que reverenciou Jesus na entrada triunfal, em Jerusalém; no entanto, poucos dias depois, instigada pela maledicência dos sacerdotes judeus, festejou sua crucificação, cercando a cruz de impropérios e zombarias.

A maledicência tem sua origem, sem dúvida, no atraso moral da criatura humana. Intelectualmente, a Humanidade atingiu culminâncias. Chegamos à Lua, desintegramos o átomo. Moralmente, entretanto, somos subdesenvolvidos, quase tão agressivos e inconsequentes como os habitantes das cavernas, e, se o verniz de civilidade nos impede de usar a clava, usamos a língua, atendendo a propósitos de autoafirmação, revide, justificação ou pelo simples prazer de atirar pedras em vidraças alheias.

Não se dá conta aquele que se compraz em criticar a vida alheia, que a maledicência é um ato de autofagia (condição do animal que se nutre da própria substância, que come o próprio corpo). O maledicente pratica a autofagia moral. A má palavra, o comentário desairoso contra alguém geram, no autor, um clima de desajuste íntimo, em que ele perde força psíquica e se autodestrói moralmente, envenenando-se com a própria maldade. Por isso, pessoas que se comprazem nesse tipo de comportamento são sempre inquietas e infelizes.

Jesus adverte que o maldizente fatalmente será vítima da maledicência, quer porque onde estiver criará ambiente propício à disseminação de seu veneno, quer porque a vida o situará, inelutavelmente, numa posição que o sujeitará a críticas e comentários desairosos, a fim de que aprenda a respeitar o próximo.

Deixando bem claro que a ninguém compete o direito de julgar, o Mestre recomenda que, antes de procurarmos ciscos no olho de nosso irmão, tratemos de remover a lasca de madeira que repousa, tranquila, no nosso. Se possuímos incontáveis defeitos, se há tantas tendências inferiores em nossa personalidade, por que o atrevimento de criticar o comportamento alheio?

E há os estudos de Psicologia que oferecem uma dimensão bem maior ao ensinamento evangélico. Admitem hoje os psicólogos que tendemos a identificar com facilidade nos outros o que existe em abundância em nós. O Mal que vemos em outrem é algo do Mal que mora em nosso coração. Por isso, as pessoas virtuosas, de sentimentos nobres, são incapazes de enxergar maldade no próximo.

É preciso, portanto, treinar a capacidade de enxergar o que as pessoas têm de bom, para que o Bem cresça em nós. O primeiro passo — difícil, mas indispensável — é eliminar a maledicência. Um recurso valioso para isso é usar os três crivos, segundo velha lenda de origem desconhecida, que vários escritores atribuem a Sócrates, lembrada pelo Espírito Irmão X, psicografia de Francisco Cândido Xavier, em mensagem publicada pela revista *Reformador*, no mês de junho de 1970:

Certa feita, um homem esbaforido achegou-se ao grande filósofo e sussurrou-lhe aos ouvidos:
— Escuta, Sócrates... Na condição de teu amigo, tenho alguma coisa de muito grave para dizer-te, em particular...
— Espera!... — ajuntou o sábio, prudente. — Já passaste o que me vais dizer pelos três crivos?
— Três crivos? — perguntou o visitante espantado.
— Sim, meu caro, três crivos. Observemos se a tua confidência passou por eles. O primeiro é o crivo da verdade. Guardas absoluta certeza quanto àquilo que me pretendes comunicar?
— Bem — ponderou o interlocutor —, assegurar, mesmo, não posso... Mas ouvi dizer e... então...
— Exato. Decerto peneiraste o assunto pelo segundo crivo, o da bondade. Ainda que não seja real o que julgas saber, será pelo menos bom o que me queres contar?
Hesitando, o homem replicou:
— Isso não... Muito pelo contrário...
— Ah! — tornou o sábio — então recorramos ao terceiro crivo, o da utilidade, e notemos o proveito do que tanto te aflige.
— Útil?!... — aduziu o visitante ainda mais agitado. — Útil não é...
— Bem — rematou o filósofo num sorriso —, se o que me tens a confiar não é verdadeiro, nem bom e nem útil, esqueçamos o problema e não te preocupes com ele, já que de nada valem casos sem qualquer edificação para nós...".

Irmão X termina a mensagem, comentando:

Aí está, meu amigo, a lição de Sócrates, em questões de maledicência. Se pudermos aplicá-la, creio que teremos ganho tempo e recursos preciosos para rearticular o serviço, refazer a paz, realizar o melhor e seguir para a frente.

A fórmula é, realmente, muito boa. Usá-la é favorecer nossa própria edificação. Jesus nos está convocando à gloriosa construção do Reino dos Céus em nossos corações. Não percamos tempo com as excrescências da Terra.

32

O aspecto sagrado

Não deis aos cães as coisas santas, nem lanceis as vossas pérolas diante dos porcos, para que não suceda que as pisem e, voltando-se, vos estraçalhem (Mateus, 7:6).

Todo movimento religioso legítimo que surge no mundo, com a participação de missionários valorosos da Espiritualidade, representa uma dádiva de Deus, oferecendo ao homem novos estímulos ao laborioso processo de sua maturação moral e espiritual.

Se existe a mensagem, ela deve ser difundida amplamente, com a utilização dos recursos de seu tempo, a fim de que possam conhecê-la todas as pessoas passíveis de se identificarem com ela.

Desta forma, não compete ao missionário impor restrições a ninguém. O seu trabalho, identificado ao do semeador, é jogar a semente, esperando que germine nos corações. Por isso, a todos buscará, deixando o aproveitamento por conta da sensibilidade e do discernimento de cada um.

Jesus não escolhia assembleias. Falava onde fosse chamado, onde houvesse oportunidade, convocando os corações para as bênçãos do Reino.

Nem tudo, entretanto, Ele podia dizer à multidão. Havia aspectos de sua mensagem que nem todos teriam condições de apreciar devidamente, descendo à vulgarização e ao desrespeito.

Por isso, multiplicava pães na planície, mas buscava o monte solitário para orar. Maravilhava a multidão com a palavra, mas reservava aos discípulos mais íntimos as experiências transcendentes, como a transfiguração do monte Tabor.

Suas aparições, após a crucificação, restringiram-se ao colégio apostólico. E os Espíritos Superiores, que em seu nome orientaram o movimento cristão, tomados à conta de manifestações do próprio Espírito Santo, fizeram-se presentes na intimidade dos iniciados verdadeiros do Cristo, aqueles que, assimilando a mensagem cristã, renunciavam aos interesses da Terra para cuidarem dos interesses do Céu.

Natural que assim fosse, porquanto pretender sensibilizar o homem comum, ignorante das práticas espirituais, seria o mesmo que, no dizer de Jesus, jogar pérolas aos porcos e oferecer coisas santas aos cães. Uma imagem forte com a qual Ele demonstra que nosso esforço não só seria inútil como poderia redundar em dispensáveis complicações.

O ensinamento de Jesus ajusta-se com precisão à Doutrina Espírita. O Espiritismo não se destina a uma minoria privilegiada. Sua mensagem grandiosa, de conscientização da Humanidade, deve ser disseminada com todos os recursos ao nosso alcance, utilizando-se a oratória, a exposição doutrinária, a imprensa, o livro, o folheto, o rádio, a televisão, o cinema. A criatura humana está carente de uma explicação mais lógica para os problemas que lhe afetam a existência, os males que lhe atormentam a consciência, os desajustes e as dores que a acompanham, implacáveis.

Todavia há, também, no Espiritismo, o aspecto sagrado, que deve ser restringido ao círculo dos iniciados, aqueles que lhes assimilaram os princípios e sedimentaram seus ideais. Referimo-nos ao exercício da mediunidade, no intercâmbio com o Além. Uma reunião de cunho espiritualizante, em que se procura o contato com os Espíritos desencarnados, pede elevação de propósitos, disposição de servir. Se realizada obedecendo a interesses imediatistas ou à curiosidade, perderá a sustentação fluídica e pouco ou nada produzirá de edificante.

Por esta razão Allan Kardec, em *O livro dos médiuns*, revela que podiam comparecer às reuniões da Sociedade Espírita de Paris somente aqueles que se submetessem à iniciação espírita, marcada pelo estudo e assimilação de seus princípios básicos.

Sabia o Codificador ser indispensável essa disciplina, porquanto somente assim se poderia garantir o aproveitamento da reunião, dando-lhe um cunho de seriedade que possibilitasse a presença dos orientadores espirituais, já que estes não perdem tempo com os curiosos e os imediatistas. Realizar sessões mediúnicas sem propósitos elevados de aprendizagem e serviço, sem bases de estudo e mobilização de sentimentos nobres, é abrir o campo mediúnico à vulgaridade e à mistificação.

Importante lembrar que as manifestações do Espírito Santo cessaram na primitiva comunidade cristã, justamente quando os ideais sagrados da Boa-Nova foram substituídos pelo formalismo religioso e as reuniões da comunidade se revestiram de pompas e rituais. Com isso se satisfazia o gosto popular, as tendências da multidão, mas o preço foi muito alto; perdeu-se o contato com as luzes da Espiritualidade maior, e o Cristianismo tateou, por largos séculos, na escuridão medieval.

33
As respostas do Céu

Pedi e dar-se-vos-á; buscai e achareis; batei e abrir-se-vos-á. Pois todo aquele que pede, recebe; o que busca, encontra e a quem bate, abrir-se-lhe-á. Ou qual de vós é o homem que, se porventura o filho lhe pedir pão, lhe dará pedra? Ou se lhe pedir um peixe, lhe dará uma cobra? Ora, se vós, que sois maus, sabeis dar boas dádivas aos vossos filhos, quanto mais vosso Pai, que está nos Céus, dará boas coisas aos que lhe pedirem (Mateus, 7:7 a 11).

Estas afirmativas de Jesus consagram a confiança com a qual devemos procurar a Deus, conscientes de que Ele é mesmo nosso Pai. E se a solicitude paterna, a manifestar-se no cuidado com o filho, é algo de sublime, que dizer do Infinito Amor do Criador, que transcende as acanhadas expressões da afetividade humana?

A certeza da solicitude de Deus é a bênção maior da existência terrestre, proporcionando-nos segurança em todas as situações. Foi exaltando essa confortadora realidade que Davi, num momento de rara inspiração, nos legou o inesquecível *Salmo* 23:

> O Senhor é o meu pastor, nada me faltará.
> Ele me faz repousar em pastos verdejantes.
> Leva-me para junto de águas tranquilas.
> Guia-me pelas veredas da Justiça, por amor de seu nome.
> Ainda que eu ande pelo vale da sombra da morte, não temerei mal algum, porque Tu estás comigo.
> A tua vara e o teu cajado me consolam.
> Preparas-me uma mesa na presença de meus adversários.
> Unges-me a cabeça com óleo.
> Certamente a bondade e a misericórdia seguirão todos os dias de minha vida e habitarei na casa do Senhor para todo o sempre.

Todavia, para que possamos reconhecer a presença divina, mister se faz que assimilemos bem o significado e alcance das afirmativas de Jesus: "Pedi e dar-se-vos-á".

Alguém poderia contestar, asseverando que tem feito solicitações a Deus sem receber atendimento. Quando tal acontece é que, geralmente, pedimos o que desejamos e Deus nos envia apenas o que nos é necessário, procedimento perfeitamente lógico: nenhum pai consciente e justo satisfará as exigências da criança birrenta ou as aspirações inconsequentes do adolescente inquieto. Pelo contrário, dar-lhe-á o que sabe ser bom para ele, embora nem sempre o filho pense assim.

Geralmente nos comportamos de forma imatura diante de Deus. Pedimos o que não nos convém e nos aborrecemos por não sermos atendidos. Submetidos ao mecanismo de causa e efeito, que imprime em nossa vida o que impomos à vida alheia, raramente compreendemos que os percalços de hoje refletem o que fizemos ontem.

Por isso, a comunhão com Deus exige um exercício de maturidade, na fórmula da velha oração, segundo a qual devemos pedir forças para suportar o que não possa nem deva ser mudado; coragem para mudar o que pode e deve ser mudado e discernimento para uma decisão acertada.

"Buscai e achareis".

Católicos, protestantes, budistas, muçulmanos, espíritas, todos procuramos o mesmo nas casas de oração: Deus, no propósito de dar um sentido à existência.

E todos recebemos benefícios: conforto, esperança, orientação, cura... Raros, entretanto, atingem o essencial, porque o Senhor nos espera, não nos templos de pedra, mas na intimidade de nosso coração. Indispensável para tanto, acima da mera presença nas igrejas, uma atitude interior de edificação, inspirada em perseverante propósito de autorrenovação.

A figura mitológica do pecado original esconde uma realidade. Todos sofremos as consequências de faltas cometidas, não por Adão e Eva, mas por nós mesmos, acumuladas em milênios de rebeldia, cristalizando tendências inferiores que turvaram nossa visão, impedindo-nos de enxergar o Criador.

Não será fácil superá-las. Mister se faz que nos submetamos ao batismo de fogo, ao qual se referia Jesus — a luta ingente, sem tréguas, contra o Mal encastelado em nosso espírito. Então, saberemos que Deus sempre esperou por nós.

"Batei e abrir-se-vos-á".

Quando procuramos Deus, há uma aspiração maior em nosso coração — sermos felizes. Nossa existência é um eterno bater em portas, à procura da felicidade. As portas se abrem, mas nunca a encontramos.

Richard, vá comprar pão — pedia meu pai, em meus verdes anos.

Onde, pai?

Na farmácia — respondia ele, jocoso.

É evidente que o pão deve ser comprado na padaria. Em se tratando de felicidade, o óbvio vem sendo ensinado há milênios: *Seremos felizes quando formos bons*.

No entanto, insistimos em procurar a felicidade no lugar errado, em bases de satisfação para mesquinhos interesses pessoais, e nos confundimos de tal forma que julgamos encontrá-la nos gabinetes psiquiátricos, nos vícios e ilusões do mundo, ensaiando fórmulas que apenas disfarçam nossa infelicidade.

Nenhum medicamento nos tranquilizará melhor do que o abençoado cansaço decorrente de serviços prestados na instituição assistencial. Que bebida poderá competir com o perdão, quando se trata de superar a amargura por uma ofensa recebida? Que tóxico fará céu mais perfeito do que a íntima sensação de euforia, quando ajudamos alguém?

Somente os que não sabem o "quanto é bom ser bom" precisam de tóxicos, cigarros, psicotrópicos, bebidas, para ajudá-los a suportar, não a Vida — obra grandiosa de Deus! —, mas a si mesmos, aos seus recalques, à sua agressividade, à sua angústia, decorrentes da milenar indiferença pelos valores do Bem.

34
Para fazer o que faria Jesus

*Tudo o que quiserdes que os homens vos façam,
fazei-o assim também a eles, pois isso resume
a Lei e os profetas* (Mateus, 7:12).

O ideal cristão, este caminho glorioso das mais sagradas realizações da existência, é de enunciado muito simples. Diz André Luiz que com dez minutos de leitura do Evangelho encontraremos roteiro capaz de orientar seguramente a existência inteira. Mesmo esses minutos poderão ser reduzidos a apenas alguns segundos com a Regra de Ouro:

"Tudo o que quiserdes que os homens vos façam, fazei-o assim também a eles".

Se estivéssemos com fome, sede, frio...

Se sofrêssemos os achaques da enfermidade...

Se trouxéssemos o coração amargurado e intranquilo...

Se problemas graves tumultuassem nossa mente...

Se a dor fosse nossa companheira inseparável...

Se a tormenta de expiações dolorosas desabasse sobre nosso destino...

Se a noite das frustrações e do desânimo, sem estrelas de esperança, inundasse de sombra nossas almas...

Se a vida nos parecesse inteiramente destituída de significado e objetivo, o que desejaríamos receber do semelhante?

Alimento, agasalho, medicamentos e muito mais:

Orientação e esclarecimento para o cérebro!

Conforto e estímulo para o coração!

Uma palavra amiga, um gesto de solidariedade, uma visita, um sorriso fraterno!

Algo que nos fizesse sentir que não estamos abandonados à própria sorte! Que nos momentos difíceis alguém se faz nosso irmão, para, em nome de Deus, atender nossas preces ou derrubar as barreiras da descrença, se, porventura, incorrermos no engano de supor que Deus nos abandonou!

"Tudo o que quiserdes que os homens vos façam, fazei-o assim também a eles".

Hoje e sempre, em hospitais, prisões, abrigos... Em lares humildes e casebres miseráveis, em todas as cidades do mundo, há milhões de pessoas que passam fome! Que asilam no coração a frustração e a dor, a dúvida e a perplexidade, a angústia e o medo!

E nós, que nos dizemos discípulos de Jesus, que pretendemos a condição de seguidores daquele Mestre excelso, que passou a existência distribuindo amparo aos sofredores da Terra, o que estamos realizando em favor de nossos irmãos?!

"Tudo o que quiserdes que os homens vos façam, fazei-o assim também a eles".

Este é o lema dos Espíritos superiores que velam pelos homens, oferecendo-lhes orientação, coragem, bom ânimo diante das lutas da existência. Todavia, como poderão alimentar o faminto, estender agasalho ao que tem frio, dar medicação ao enfermo, endereçar uma palavra mais objetiva de esperança aos que sofrem, se não dispõem de instrumentos de boa vontade na Terra? Os cristãos de todas as escolas, mesmo do Espiritismo, ainda confundem religião com presença nas igrejas e religiosidade com reza. E insistem em ignorar que Aquele a quem chamam Mestre e Senhor, o Cristo de Deus, fazia do espírito de serviço a sua igreja e da prática do Bem a sua oração.

"Tudo o que quiserdes que os homens vos façam, fazei-o assim também a eles".

É indispensável que nos movimentemos, que ofereçamos nossa contribuição pessoal no trabalho pioneiro de sacrifício e desprendimento em favor de um mundo melhor. Isto, não simplesmente porque o próximo é nosso irmão! Não apenas porque é preciso semear o Bem para que colhamos a felicidade! Mas, sobretudo, porque estamos todos no mesmo barco, e enquanto o clima de infelicidade e sofrimento estiver no mundo também seremos infelizes e sofredores, ainda que sob o ponto de vista humano nossa situação nos pareça razoável.

Para que nos decidamos e sejamos firmes nesse empenho, é indispensável que estejamos atentos a estas afirmativas de Jesus: "Quem quiser salvar a sua vida, perdê-la-á; e quem perder a vida, por minha causa, achá-la-á" (*Mateus*, 16:25).

Enquanto nossas motivações maiores estiverem vinculadas a realizações junto à profissão, à família e, particularmente, aos bens materiais, encontraremos grande dificuldade para um ajuste perfeito diante da vida e seus objetivos. Poderemos desenvolver com dedicação as tarefas do lar, produtivo trabalho profissional e até mesmo favorecer várias pessoas com os bens materiais de que dispusermos, mas faltará sempre aquele elemento essencial, capaz de produzir frutos sazonados de renovação e progresso, que é o desprendimento de nós mesmos...

É a esse desprendimento que Jesus se refere quando nos convida a "perder a vida", habilitando-nos a realizar o que vai além, muito além das simples motivações geradas por interesses pessoais.

Quando decidimos dar um sentido verdadeiramente cristão à existência...

Quando renunciamos à televisão para colaborar na instituição socorrista...

Quando substituímos o passeio pela visita ao enfermo...

Quando instituímos a semana cristã, de trabalho no sábado e no domingo, no campo da fraternidade humana...

Então, familiares não despertos para os imperativos do Bem e amigos distanciados das realidades essenciais começam a murmurar: "Você está perdendo a vida!".

É exatamente isso que Jesus espera de nós!

Que percamos a vida, esta vida tola, improdutiva, desajustante, estagnada, comprometedora, que caracteriza o indivíduo comum, empolgado pelo próprio bem-estar.

E, trabalhando com perseverança em favor do semelhante, teremos condições para alcançar a vida em seu sentido mais amplo — aquela "vida abundante" que vibrará em nossas veias, quando nosso coração se alimentar de sentimentos nobres e nossa mente se povoar de ideais superiores, para que Jesus fale por nosso intermédio.

35

Atletismo espiritual

Entrai pela porta estreita, pois larga é a porta e espaçoso o caminho que conduz à perdição e muitos são os que entram por ela. Porque estreita é a porta e apertado o caminho que conduz para a Vida e são poucos os que acertam com ela (Mateus, 7:13 e 14).

O atleta que se prepara com seriedade para uma competição obriga-se a rígidas disciplinas, destacando-se o regime alimentar adequado, reiterados exercícios, abstenção total de fumo e álcool, horas certas de repouso, profunda concentração em torno dos objetivos a serem alcançados.

O homem comum observa esses esforços e sorri:

"Eu, hein? Renunciar à vidinha sedentária, meus pratos prediletos, às madrugadas alegres, à euforia do álcool ou à tranquilidade do fumo... Nunca! A vida passa breve! É preciso aproveitar!".

Indiferente às necessidades essenciais da máquina física, fecha-se na indolência, circunscrevendo-se a uma existência de horizontes estreitos, poluída pelos seus vícios, comprometida pelos seus excessos, em que cedo colherá variados males: distúrbios circulatórios, obesidade, problemas digestivos, disfunções hepáticas e muitos outros, como se fossem miasmas a proliferarem em águas estagnadas.

O atleta, pelo contrário, embora nem sempre se habilite aos primeiros lugares nas competições, terá vencido o desafio maior — o próprio acomodamento — habilitando-se a viver saudavelmente.

No plano moral ocorre algo semelhante. Para o homem comum o melhor é não submeter-se a nenhuma disciplina. Afinal, é bem mais fácil viver assim, tirando o melhor proveito das situações, sem nenhum constrangimento, sem problemas de consciência.

Por que não usar a mentira, instrumento ideal à solução de problemas variados, para encobrir falhas e omissões ou até mesmo autopromover-nos?

Por que não incensar a vaidade do chefe, já que ele detém o poder de decidir nossa promoção?

Por que não demitir imediatamente o funcionário ou a doméstica que nos contrariou as determinações?

Por que não tomar uma fruta a mais na compra efetuada na feira livre?

Por que não furar a fila, em que haja muita gente, evitando a espera?

Por que não subornar o funcionário encarregado de avaliar nossa reivindicação, garantindo decisão favorável?

Por que não passar uma descompostura no atendente que nos pareceu moroso ou desatento?

Por que não desfrutar de uma aventura extraconjugal?

Por que não desabafar mágoas proferindo palavrões e impropérios?

Por que não aderir à malícia e à pornografia, à irreverência e à crítica, no relacionamento social e profissional?

Afinal, tudo isso é próprio da Terra. Se agirmos de modo diferente seremos passados para trás.

"Em Roma, como os romanos!"

Num mundo de desonestidade triunfante e de conveniências pessoais prevalecendo sobre a moral, por que arvorarmo-nos em defensores intransigentes da virtude? É preciso, isto sim, conquistar nosso lugar ao sol.

Já para o religioso autêntico, o atleta do espírito, que almeja realizar os ideais da religião que professa, a existência fica difícil, pois é chamado a um comportamento que contraria as tendências da multidão, numa espécie de "remar contra a correnteza". Pior que isso, ele terá que lutar contra si mesmo, condicionado que foi por padrões de conduta da sociedade em que vive e por hábitos infelizes sedimentados em séculos de rebeldia e acomodamento.

Assumindo responsabilidades, será sempre verdadeiro, sem outro policiamento que o da própria consciência.

Agirá com honestidade absoluta, mesmo quando deslizes lhe fossem extremamente favoráveis e jamais pudessem ser descobertos.

Respeitará os patrimônios alheios, não se apropriando indebitamente nem mesmo de um simples fruto.

Trabalhará diligentemente, sem preocupação de mostrar serviço.

Executará funções profissionais com dedicação e eficiência, sem necessidade de gratificações.

Cumprirá com rigor suas obrigações, sem pretender outra satisfação que a de ter realizado uma boa tarefa.

Preservará a ordem e a disciplina onde esteja, cumprindo os regulamentos estabelecidos em qualquer setor de atividade social.

Será enérgico consigo mesmo e indulgente com os outros, sabendo fazer-se respeitado sem jamais ser temido.

Verá no semelhante um irmão a quem deve o melhor de si, seja o funcionário que errou, o chefe que exorbitou de suas funções, o necessitado que o procura, o familiar em desajuste, o amigo ingrato.

E, sobretudo, compreenderá e relevará aqueles que estão tão comprometidos com os enganos do mundo que não podem entender-lhe o empenho. Viver assim é um desafio. Os campeões do espírito têm sido sistematicamente espezinhados e martirizados. O próprio Cristo, o maior de todos, acabou crucificado entre dois ladrões, como se fosse criminoso vulgar.

Todavia, assim como acontece com relação ao corpo físico, as consequências desses dois tipos de comportamento são bem diferentes:

O indolente espiritual, despreocupado das disciplinas morais e dos exercícios no campo da virtude, pode alcançar importantes conquistas — riqueza, poder, prestígio, influência, conforto, prazer —, mas, por maiores sejam suas realizações, nunca será realmente feliz. Trará sempre cravado no peito o espinho da insatisfação, a exprimir-se em angústias indefiníveis e inquietações supliciantes. Cedo verificará que o caminho escolhido, ao transpor a porta larga das ambições humanas, não conduz senão a decepções e desajustes. Então, terá que voltar sobre os próprios passos, pisando os espinhos que semeou pelo caminho, em longa jornada de reajuste e sofrimento.

Já o atleta espiritual, ainda que enfrentando incompreensões e críticas, lutas e sofrimentos, experimentará emoções sublimadas, inacessíveis ao homem comum:

O prazer de servir...
A bênção de compreender...
A paz do perdão...
A consciência tranquila...
A satisfação pelo dever cumprido...
A serenidade de quem permanece sob inspiração superior...

E, sobretudo, a confortadora certeza de estar passando pela porta estreita, vencendo suas milenárias fraquezas, filho pródigo de retorno à casa paterna, onde Deus lhe reserva luminoso porvir.

36

Profetas transviados

Acautelai-vos dos falsos profetas, que vêm ter convosco com vestes de ovelha, mas que, por dentro, são lobos rapinantes. Conhecê-los-eis pelos seus frutos. Porventura se colhem uvas dos espinheiros ou figos dos abrolhos? Assim, toda árvore boa dá bons frutos, porém, a árvore má dá maus frutos. Não pode a árvore boa dar maus frutos; nem a árvore má dar bons frutos. Toda árvore que não dá bom fruto é cortada e lançada ao fogo. É, pois, pelos frutos que os conhecereis (Mateus, 7:15 e 20).

Os profetas do Velho Testamento eram considerados homens inspirados por Deus, arautos de sua vontade junto ao povo judeu. Submetendo-se a férreas disciplinas e a uma vida de ascetismo, à distância das ilusões humanas, aprimoravam as ideias e amadureciam o psiquismo, habilitando-se a ensinar com autoridade e a realizar prodígios que causavam impactos. Desfrutavam, por isso, de grande prestígio junto ao povo.

Muitos ambiciosos sonhavam com a condição de profetas, simulando poderes e virtudes que não possuíam. Agindo com sutileza, envolviam os incautos à procura de prestígio e fortuna, interessados não em servir à religião, mas em se servirem dela.

Jesus, que tinha perfeita noção de que muitos mistificadores se arvorariam em profetas do Cristianismo, indica a fórmula ideal para identificá-los: que se lhes observasse atentamente a conduta.

Se os exemplos do Mestre exaltavam a compreensão e o respeito à criatura humana; se sua doutrina era de amor e bondade, de desprendimento dos bens materiais e permanente espírito de sacrifício em favor do semelhante, logicamente nesses valores estaria a medida para identificar os verdadeiros profetas cristãos.

Esse tipo de teste nos permite constatar que, através dos séculos, muitos têm falado em nome de Jesus, mas raros foram seus representantes legítimos.

Em linguagem atual, poderíamos definir os profetas como médiuns, indivíduos dotados de faculdades psíquicas avantajadas, que lhes permitem falar e agir sob inspiração espiritual.

Hoje, mais do que ontem, têm surgido profetas. Nesta época de grandes transições, a mediunidade eclode em todas as camadas da população e no seio de todas as religiões, como se o Céu estivesse interessado em aproximar-se da Terra, preparando a criatura humana para o advento de tempos melhores.

Onde quer que alguém se apresente como profeta, pelos prodígios ou pela palavra — de efeitos físicos ou intelectuais —, a fórmula do Cristo continua válida: identificaremos os verdadeiros intérpretes da Espiritualidade Maior pelos frutos que oferecerem.

Lobos sempre surgirão, mistificadores se imiscuirão entre os servidores leais, iludindo os ingênuos e confundindo até os mais esclarecidos. Invariavelmente, porém, serão descobertos, desde que observados atentamente, já que as virtudes que ostentam são simples máscaras que não tardarão em cair, ante as pressões interiores de suas ambições e fraquezas.

A lição evangélica tem extensão mais ampla. De certa forma, sempre que nos decidimos a realizar algo em favor do semelhante, tornamo-nos profetas, passamos à condição de instrumentos de benfeitores espirituais que, por nosso intermédio, tentarão beneficiar os sofredores de todos os matizes.

Ligados a instituições assistenciais e grupos de socorro, estaremos deixando a multidão indiferente e acomodada para integrarmos a gloriosa equipe dos servidores do Cristo.

Todavia, há um problema muito sério a dificultar-nos a tarefa: é que, embora deixando a multidão, trazemos conosco muitas de suas mazelas, a começar pelo egoísmo, que leva muita gente a participar de tais tarefas muito mais pelo interesse em receber os favores do Céu do que pela preocupação em socorrer as necessidades da Terra.

Raros passariam pelo teste dos frutos, porquanto falam do Cristo, mas situam-se longe dele. Ensinam sua moral sem exemplificá-la. Exaltam seu amor sem cultivá-lo. Suas tarefas, por isso, acabam comprometidas pela própria invigilância.

Interpretando o comportamento alheio pelo prisma de suas limitações não combatidas, estes servidores insipientes enxergam no pedinte um vagabundo, no pobre um indolente, no desempregado um irresponsável. E, totalmente alheios à misericórdia e à compaixão, insistentemente ensinadas e exemplificadas por Jesus, misturam aos benefícios que prestam a chibata da crítica, o fel da incompreensão.

E quando os beneficiários de seu esforço revelam menor disposição em seguir-lhe as orientações ou observar-lhe as determinações, fazem-se agressivos e inconvenientes, qual o semeador que pretendesse impor ao solo a aceitação da semente, e, a pretexto de disciplinar, põe a perder a semeadura.

Por isso, sempre que nos integremos em instituições devotadas ao Bem, é preciso nos habituemos a analisar os frutos que estamos produzindo, os exemplos que estamos oferecendo. Se não agirmos com prudência, conscientes de nossas responsabilidades, seremos tão estranhos à finalidade do serviço quanto um espinheiro no pomar. Julgando estender a Luz, estaremos muito mais favorecendo a sombra.

37

O mais importante

Nem todo aquele que me diz: "Senhor, Senhor!"
— entrará no Reino dos Céus, mas aquele que faz
a vontade de meu Pai que está nos Céus. Muitos,
naquele dia, hão de dizer-me: "Senhor, Senhor!
porventura não temos nós profetizado em teu nome?
não expelimos demônios em teu nome? e não fizemos,
em teu nome, muitas maravilhas?" Eu, então, lhes direi
claramente: "Nunca vos conheci; afastai-vos de mim,
vós que praticais a iniquidade" (Mateus, 7:21 a 23).

Os que têm "olhos de ver" experimentam, ao contato com o Evangelho, emoções indefiníveis. Há tanta beleza em suas conceituações, com tão sublime demonstração da presença de Deus no Universo, que chega a causar empolgamento.

E quando nossa adesão ao Cristianismo se faz à luz da Doutrina Espírita, permitindo-nos superar acanhadas e ingênuas concepções teológicas, que, durante séculos, transformadas em dogmas, confundiram os ingênuos e decepcionaram os Espíritos mais lúcidos, o entusiasmo é bem maior.

Em *O evangelho segundo o espiritismo*, no qual Kardec faz uma apreciação da moral evangélica, enriquecendo-a com interpretação objetiva e racional, está a religião do futuro, inspirada no princípio fundamental enunciado pelo próprio Codificador: "Fé verdadeira só o é aquela que pode encarar a razão face a face, em todas as épocas da Humanidade". Em suas páginas há o mais vigoroso apelo, jamais feito ao homem, em favor de sua própria edificação, impondo, por força de argumentação lógica e inequívoca, normas de importância fundamental, dentre as quais destacam-se:

Relacionamento: respeitar o semelhante, usar de urbanidade com as pessoas, cultivar a delicadeza, conter os impulsos agressivos, exercitar a tolerância e a compreensão.

Comportamento: modificar hábitos infelizes e superar viciações comprometedoras. Não mentir; não criticar a vida alheia; não aderir à malícia e à pornografia; não fumar; não ingerir bebidas alcoólicas; não vulgarizar o impulso sexual com aventuras inconsequentes; evitar o avassalador modismo dos tranquilizantes, que apenas anestesiam o sistema nervoso, provocando condicionamentos perigosos.

Aprendizado: ler muito, estudar sempre, selecionando as fontes de conhecimento passíveis de enriquecer a existência com os valores da cultura e da sabedoria.

Comunhão com a Espiritualidade: oração contrita e meditação sadia. A primeira para receber o que Deus tem para dar; a segunda para entender sua vontade.

Serviço edificante: visitar enfermos, atender necessitados, colaborar em obras assistenciais, renovando sempre o propósito de servir ao semelhante, emblema inconfundível dos discípulos autênticos do Cristo.

Provavelmente, o empenho no cumprimento desse programa divino causará estranheza a muita gente. Haverá até quem nos situará por fanáticos, o que é normal. Raros conseguem estabelecer distinção entre fanatismo e consciência de dever ou senso de responsabilidade.

Isso pouco importará se estivermos certos do que pretendemos. Com a mobilização dos recursos da boa vontade e da dedicação, poderemos desenvolver importantes serviços assistenciais, abrindo campo à ação de benfeitores invisíveis. Somente os indiferentes não sabem dos prodígios que se operam quando o Céu conta com boa vontade na Terra.

Todavia, não se improvisam o santo nem o missionário. Servos incipientes e frágeis, trazemos mazelas e tendências inferiores que fatalmente estabelecerão o conflito entre o que somos e o que queremos ser; entre as aspirações superiores e as tendências inferiores, entre a virtude e o vício, o ideal e a ilusão, o Bem e o Mal.

Nesta fase, a existência fica muito difícil, porquanto a observância da moral evangélica será algo postiço — apenas o que queremos ser, não o que somos. O enquadramento aos seus princípios exigirá severas disciplinas, que nos parecerão inatingíveis, e um autocontrole que estamos longe de deter.

O problema não será tão grave se a consciência permanecer vigilante. Se, conservando a autocrítica, reconhecermos nossas faltas e sofrermos com isso, significará que continuamos em processo de renovação, à semelhança do indivíduo que, atrofiado por longo tempo, ao ensaiar o uso das pernas fraqueja e vai ao solo, mas levanta-se prontamente, disposto a cair menos.

Nossa adequação ao programa do Cristo ficará comprometida quando amornarmos o empenho de renovação, desistindo de lutar, permitindo que se estabeleça em nós uma coexistência pacífica entre o lado bom e o lado mau de nossa personalidade.

É o caso do expositor do Evangelho que defende a necessidade de preservar-se a integridade do corpo, a máquina divina concedida por Deus em caráter de empréstimo, e da qual teremos que prestar contas, mas que fuma inveteradamente; do cooperador da oficina de trabalho espiritual que se empolga com os valores da fraternidade e da solidariedade, exemplificados pelo Cristo, mas resvala tão facilmente para desentendimentos e discussões, que torna impossível a convivência com os companheiros de ideal, quando não com os próprios familiares; do atendente da obra assistencial que exalta a condição de servidor do Cristo, mas se esquece de usar, no trato com os beneficiários de seu trabalho, a compaixão e a misericórdia insistentemente ensinadas por Jesus, comprometendo o serviço com a agressividade e a irritação!

A advertência do Mestre é clara e incisiva. Se pretendemos estar a seu lado, mais importante do que o trabalho que venhamos a realizar, ainda que operando prodígios, é não cairmos na iniquidade, o Mal que surge quando deixamos de lutar contra nós mesmos.

Por isso, Jesus não exige que sejamos santos ou missionários, mas espera que não descuidemos da própria renovação, sem a qual estaremos comprometendo a obra redentora do Evangelho.

38
A Legislação Maior

Todo aquele, pois, que ouve estas minhas palavras e as pratica, será comparado a um homem prudente, que edificou a sua casa sobre a rocha. E caiu a chuva, transbordaram os rios, sopraram os ventos e deram com ímpeto contra aquela casa, que não caiu, porque fora edificada sobre a rocha. E todo aquele que ouve estas minhas palavras e não as pratica, será comparado a um homem insensato, que edificou a sua casa sobre a areia. E caiu a chuva, transbordaram os rios, sopraram os ventos e deram com ímpeto contra aquela casa, e ela desabou, sendo grande a sua ruína (Mateus, 7:24 a 27).

As leis civis disciplinam as relações sociais. Sem elas não há ordem, nem segurança ou equilíbrio. A vida comunitária seria impossível sem a definição do que se pode ou não fazer, tendo por base o velho princípio — o nosso direito termina onde começa o do próximo.

Não podemos, a nosso bel-prazer, desrespeitar uma autoridade, roubar, matar, invadir a propriedade alheia, subjugar pela força, violentar... São infrações passíveis de prisão, em pena correspondente à natureza do delito, o que é compreensível, já que nenhuma lei poderá impor-se sem sanções aos infratores.

Todavia, a justiça humana tem limitações. Há maneiras sutis de perturbar a ordem e conturbar a paz, sem que o criminoso possa ser conduzido à presença do juiz.

Um ato de agressão: vibramos de ódio contra alguém, desejando-lhe todo Mal, emitindo dardos mentais envenenados que poderão provocar-lhe variados desajustes psíquicos, com reflexos danosos em sua economia física...

Um ato de poluição: há indivíduos tão obcecados por ideias fixas em torno de dinheiro, sexo, álcool, fumo, mágoa, ressentimento, crítica, maledicência, revolta, extravasando-as, intemperantes, em suas conversas, que poluem o ambiente psíquico onde estejam, semeando malícia, inquietação e desequilíbrio!...

Cometemos até assassinatos: com gestos impensados, indisciplina, agressividade ou incompreensão podemos matar a confiança numa criança; o estímulo ao trabalho, num subordinado; o afeto, no familiar; o respeito, no amigo.

Estes e muitos outros crimes, que conturbam a ordem e semeiam a confusão no mundo, não podem ser penalizados pela legislação humana. Todavia, não ficam impunes, porquanto, acima da cidadania terrestre, somos cidadãos do Universo, regidos por um código moral perfeito, que jamais será infringido impunemente. Infalível, ele funciona não por meio de coações exteriores, mas dentro de nós mesmos, submetendo-nos à mais severa de todas as penas — *a infelicidade*, que perdurará até que tenhamos modificado nosso comportamento e reparado nossas faltas.

Esse código foi magistralmente sintetizado por Jesus no Sermão da Montanha, cujo conteúdo tem validade universal e cuja observância é indispensável a que possamos viver bem, na Terra ou no Além. Seu princípio fundamental é a atenção que devemos dar ao próximo, não apenas no sentido de respeitar-lhe a integridade, mas, sobretudo, atendendo-o em suas limitações e necessidades.

Analisando-o, é fácil concluir que há um crime fundamental, como que o pecado original teimosamente repetido pela Humanidade, a gerar toda a miséria do mundo e todas as angústias do homem. Lembrando a legislação humana, poderíamos defini-lo como *omissão de socorro*.

Todos verberamos a conduta do motorista que, após atropelar o pedestre, foge do local do acidente. Mas nós também nos omitimos, sempre que deixamos de socorrer o necessitado, de atender o doente, de confortar o aflito, de oferecer solidariedade àquele que atravessa uma situação difícil.

Alguém diria: "O motorista tem obrigação de atender o pedestre que atropelou, enquanto eu não tenho culpa pela angústia da Terra".

No entanto, se em nossa casa a criança espalha objetos e suja o chão, não ficamos alheios, a proclamar que a culpa não é nossa. Tratamos de providenciar a limpeza, preservando a ordem. O mesmo acontece em relação ao mundo. Ainda que não nos julguemos responsáveis por seus males, vivemos nele, e, se esperamos que Deus o melhore, não podemos ignorar que Ele não dispõe de outro recurso senão a utilização dos homens de boa vontade. Por isso, o Senhor envia consolações aos fiéis que o procuram nos templos, mas somente o encontraremos ao lado dos que arregaçam as mangas e trabalham, com dedicação e entusiasmo, pela construção do Reino Divino, onde, lembrando Jesus, o maior será aquele que mais servir.

A grande dificuldade, quando se trata do Evangelho, é deixar o terreno acanhado da teoria e entrar, realmente, na seara do Senhor, com observância de suas recomendações. As lições de Jesus são recebidas como algo sublime que comove, enleva, conforta, edifica. Fracassamos lamentavelmente, porém, quando convocados a aplicá-las a nós mesmos, principalmente em face dos testemunhos maiores.

Uma senhora, mãe de cinco filhos, sofreu durante vários anos maus-tratos do marido, alcoólatra inveterado que, quando embriagado, tornava-se agressivo e fazia a família passar por maus pedaços. O infeliz arruinou a saúde e ultimamente estava muito doente. Extremamente debilitado, permanecia preso ao leito, com total desprezo da esposa, que sequer se dignava de dirigir-lhe a palavra. Frequentadora assídua de um Centro Espírita, ouvia de um dos diretores a recomendação para que perdoasse o marido; que se reconciliasse com ele e o ajudasse nesse seu penoso final de existência, a fim de que estivesse em paz consigo mesma.

Sua resposta era invariável: "Não ponha o Cristo nessa história. Meu marido foi muito mau para mim e meus filhos. Tenho aversão por ele e não lhe perdoo".

Esta mulher passou pelo Centro Espírita de ouvidos fechados para a mensagem cristã e vive infeliz e amargurada, o que é natural — vinagre no coração azeda a existência. Cultivar aversão por alguém que mora sob o mesmo teto é extremamente incômodo, além de constituir grave infração à Lei Divina.

Ainda que pretendamos coisa diferente, não nos furtaremos ao fato de que nossa personalidade, moldada à imagem e semelhança de Deus, é orientada para a bondade, e jamais seremos felizes enquanto não formos bons.

Por isso, Jesus termina o Sermão da Montanha com a preciosa alegoria da casa construída sobre a rocha. A vivência evangélica nos dá segurança e equilíbrio indestrutíveis. Os vendavais da existência jamais perturbarão um coração capaz de compreender, amar, servir, perdoar, em divino empolgamento pelo roteiro sagrado do Cristo, com plena observância de seus deveres como filho de Deus.

LITERATURA ESPÍRITA

Em qualquer parte do mundo, é comum encontrar pessoas que se interessem por assuntos como imortalidade, comunicação com Espíritos, vida após a morte e reencarnação. A crescente popularidade desses temas pode ser avaliada com o sucesso de vários filmes, seriados, novelas e peças teatrais que incluem em seus roteiros conceitos ligados à espiritualidade e à alma.

Cada vez mais, a imprensa evidencia a literatura espírita, cujas obras impressionam até mesmo grandes veículos de comunicação devido ao seu grande número de vendas. O principal motivo pela busca dos filmes e livros do gênero é simples: o Espiritismo consegue responder, de forma clara, perguntas que pairam sobre a Humanidade desde o princípio dos tempos. Quem somos nós? De onde viemos? Para onde vamos?

A literatura espírita apresenta argumentos fundamentados na razão, que acabam atraindo leitores de todas as idades. Os textos são trabalhados com afinco, apresentam boas histórias e informações coerentes, pois se baseiam em fatos reais.

Os ensinamentos espíritas trazem a mensagem consoladora de que existe vida após a morte, e essa é uma das melhores notícias que podemos receber quando temos entes queridos que já não habitam mais a Terra. As conquistas e os aprendizados adquiridos em vida sempre farão parte do nosso futuro e prosseguirão de forma ininterrupta por toda a jornada pessoal de cada um.

Divulgar o Espiritismo por meio da literatura é a principal missão da FEB, que, há mais de cem anos, seleciona conteúdos doutrinários de qualidade para espalhar a palavra e o ideal do Cristo por todo o mundo, rumo ao caminho da felicidade e plenitude.

CARIDADE: AMOR EM AÇÃO

SEDE BONS E CARIDOSOS: essa a chave que tendes em vossas mãos. Toda a eterna felicidade se contém nesse preceito: "Amai-vos uns aos outros". KARDEC, Allan. *O evangelho segundo o espiritismo*, cap. 13, it. 12.

A Federação Espírita Brasileira (FEB), em 20 de abril de 1890, iniciou sua *Assistência aos Necessitados* após sugestão de Polidoro Olavo de S. Thiago ao então presidente Francisco Dias da Cruz. Durante 87 anos, esse atendimento representava o trabalho de auxílio espiritual e material às pessoas que o buscavam na instituição. Em 1977, esse serviço passou a chamar-se Departamento de Assistência Social (DAS), cujas atividades assistenciais nunca se interromperam.

Desde então, a FEB, por seu DAS, desenvolve ações socioassistenciais de proteção básica às famílias em situação de vulnerabilidade e risco socioeconômico. Fortalece os vínculos familiares por meio de auxílio material e orientação moral-doutrinária com vistas à promoção social e crescimento espiritual de crianças, jovens, adultos e idosos.

Seu trabalho alcança centenas de famílias. Doa enxovais para recém-nascidos, oferece refeições, cestas de alimentos, cursos para jovens, serviços de convivência e fortalecimento de vínculos para idosos e organiza doações de itens que são recebidos na instituição e repassados a quem necessitar.

Essas atividades são organizadas pelas equipes do DAS e apoiadas com recursos financeiros da instituição, dos frequentadores da casa e por meio de doações recebidas, num grande exemplo de união e solidariedade.

Seja sócio contribuinte da FEB, adquira suas obras e estará colaborando com o seu Departamento de Assistência Social.

O EVANGELHO NO LAR

Quando o ensinamento do Mestre vibra entre quatro paredes de um templo doméstico, os pequeninos sacrifícios tecem a felicidade comum.[1]

Quando entendemos a importância do estudo do Evangelho de Jesus, como diretriz ao aprimoramento moral, compreendemos que o primeiro local para esse estudo e vivência de seus ensinos é o próprio lar.

É no reduto doméstico, assim como fazia Jesus, no lar que o acolhia, a casa de Pedro, que as primeiras lições do Evangelho devem ser lidas, sentidas e vivenciadas.

O espírita compreende que sua missão no mundo principia no reduto doméstico, em sua casa, por meio do estudo do Evangelho de Jesus no Lar.

Então, como fazer?

Converse com todos que residem com você sobre a importância desse estudo, para que, em família, possam compreender melhor os ensinamentos cristãos, a partir de um momento de união fraterna, que se desenvolverá de maneira harmônica e respeitosa. Explique que as reflexões conjuntas acerca do Evangelho permitirão manter o ambiente da casa espiritualmente saneado, por meio de sentimentos e pensamentos elevados, favorecendo a presença e a influência de Mensageiros do Bem; explique, também, que esse momento facilitará, em sua residência, a recepção do amparo espiritual, já que auxilia na manutenção de elevado padrão vibratório no ambiente e em cada um que ali vive.

Convide sua família, quem mora com você, para participar. Se mora sozinho, defina para você esse momento precioso de estudo e reflexões. Lembre-se de que, espiritualmente, sempre estamos acompanhados.

Escolha, na semana, um dia e horário em que todos possam estar presentes.

---

[1] XAVIER, Francisco Cândido. *Luz no lar*. Por Espíritos diversos. 12. ed. 7. imp. Brasília: FEB, 2018. Cap. 1.

O tempo médio para a realização do Evangelho no Lar costuma ser de trinta minutos.

As crianças são bem-vindas e, se houver visitantes em casa, eles também podem ser convidados a participar. Se não forem espíritas, apenas explique a eles a finalidade e importância daquele momento.

O seguinte roteiro pode ser utilizado como sugestão:

1. Preparação: leitura de mensagem breve, sem comentários;
2. Início: prece simples e espontânea;
3. Leitura: *O evangelho segundo o espiritismo* (um ou dois itens, por estudo, desde o prefácio);
4. Comentários: breves, com a participação dos presentes, evidenciando o ensino moral aplicado às situações do dia a dia;
5. Vibrações: pela fraternidade, paz e pelo equilíbrio entre os povos; pelos governantes; pela vivência do Evangelho de Jesus em todos os lares; pelo próprio lar...
6. Pedidos: por amigos, parentes, pessoas que estão necessitando de ajuda...
7. Encerramento: prece simples, sincera, agradecendo a Deus, a Jesus, aos amigos espirituais.

As seguintes obras podem ser utilizadas nesse momento tão especial:

- *O evangelho segundo o espiritismo, como obra básica;*
- *Caminho, verdade e vida; Pão nosso; Vinha de luz; Fonte viva; Agenda cristã.*

Esse momento no lar não se trata de reunião mediúnica e, portanto, qualquer ideia advinda pela via da intuição deve permanecer como comentário geral, a ser dito de maneira simples, no momento oportuno.

No estudo do Evangelho de Jesus no Lar, a fé e a perseverança são diretrizes ao aprimoramento moral de todos os envolvidos.

FEB editora
Livro espírita para um novo mundo
www.febeditora.com.br
@febeditoraoficial
@febeditora

Conselho Editorial:
Carlos Roberto Campetti
Cirne Ferreira de Araújo
Evandro Noleto Bezerra
Geraldo Campetti Sobrinho – Coord. Editorial
Jorge Godinho Barreto Nery – Presidente
Maria de Lourdes Pereira de Oliveira
Miriam Lúcia Herrera Masotti Dusi

Produção Editorial:
Elizabete de Jesus Moreira

Revisão:
Elizabete de Jesus Moreira
Lísia Freitas Carvalho

Capa e Projeto gráfico:
Evelyn Yuri Furuta

Diagramação:
Rones José Silvano de Lima – instagram.com/bookebooks_designer

Normalização Técnica:
Biblioteca de Obras Raras e Documentos Patrimoniais do Livro

Esta edição foi impressa no sistema de Impressão pequenas tiragens, em formato fechado de 155x230 mm e com mancha de 112x182 mm. Os papéis utilizados foram o Off white 80 g/m² para o miolo e o Cartão 250 g/m² para a capa. O texto principal foi composto em fonte Bembo Std 14/19 e os títulos em Bembo Std 29/30. Impresso no Brasil. *Presita en Brazilo.*